Edelweißstraße 7

W0077476

Maria Stein

# Edelweißstraße 7

## München-Giesing

*Meine Wohnung ist meine Heimat*

Herausgegeben von
Karin Goetz-Dreher

Buchendorfer Verlag

© F. A. Herbig GmbH
in Zusammenarbeit mit
Buchendorfer Verlag, München, 2003
Alle Rechte vorbehalten

Satz + Repro: AB multimedia GmbH, Oberding
Druck + Bindung: Jos. C. Huber, Garching-Hochbrück

ISBN 3-7766-5000-1

# Inhalt

Vorwort ...................................... 7
Drei Jahre in der Dienerstraße und
  89 Jahre in der Edelweißstraße 7 ................ 9
In Giesing – da ist ja die Welt zu Ende! ............. 11
Blumensträußchen am Gewehrlauf ................ 13
Die gemütliche Wohnung ........................ 17
Mein Vater Kaspar Stein (1878–1957) .............. 22
Das Parteibuch im Küchenofen ................... 26
Arbeitslos ..................................... 29
Meine Mutter Barbara Stein, geb. Bischoff (1884–1949) .. 33
Spielreviere ................................... 37
Bachauskehr ................................... 41
Ärmel wie Ofenrohre ........................... 44
Brausebad in der Schule ......................... 53
Einkauf beim Kramer ........................... 57
Vielerlei Berufe ................................ 62
Mein geliebter Kohleherd ....................... 65
Räterepublik und Revolution 1918/19 .............. 67
Die Hausbewohner ............................. 70
Teppichklopfen ................................ 75
Taschengeld gab's nicht ......................... 77
Der Kostgänger ................................ 80
Hausmedizin .................................. 84
Gastwirtschaften und besondere Ereignisse .......... 86
Meine Konfirmation 1925 ....................... 91
Ausbildung ................................... 96
Vertreibung der Familie Jacob ................... 104
Brief aus der Emigration ........................ 110
Fliegerwache ................................. 115
Im Feuersturm versinkt ein Stück meiner Kindheit ..... 121
Ende des Zweiten Weltkrieges ................... 128
Der Tod von Mama ............................ 135

Mexiko-Reise 1960/61 . . . . . . . . . . . . . . . . . . . . . . . . . 142
Rückkehr nach München . . . . . . . . . . . . . . . . . . . . . . 154
Die Einsamkeit nach dem Tod von Betty . . . . . . . . . . . . 157
Der Brandfleck in meiner Diele . . . . . . . . . . . . . . . . . . 163
Meine Wohnung ist doch meine Heimat! . . . . . . . . . . . . 170

# Vorwort

»Manchmal komme ich mir vor wie aus dem vorletzten Jahrhundert und nicht nur wie aus dem letzten!« Diese Bemerkung machte Maria Stein vor ein paar Monaten und genau das war der Grund, warum ich es zu einer Neuveröffentlichung des kleinen Buches »75 Jahre München–Giesing, 1914–1989, Edelweißstraße 7/III« kommen lassen wollte. Zur ersten Herausgabe 1989, beging der Kulturverein der »Freunde Giesings« sein zehnjähriges Bestehen.

Kurz nach dessen Gründung lernte ich 1980 Maria Stein kennen und bin heute wie damals beeindruckt von ihrem außergewöhnlichen Gedächtnis und ihrem umfangreichen Wissen, vor allem auf musikalischem und literarischem Gebiet.

Für dieses Manuskript hatte ich seit Oktober 2002 mit Maria Stein erneut unendlich viele Gespräche, die oft bis spät in die Nacht dauerten. Ihr fiel bei so manchen Fragen eine Menge wichtiger Antworten ein, die unsere Sicht auf die Dinge erweiterten und uns die Auswahl für dieses Buch schwer machten. Ihre Aussage, fast noch aus dem 19. Jahrhundert zu stammen, trifft insofern zu, als sie durch die Erzählungen der Eltern und Großeltern und ihre Begabung, immer gut zuzuhören, schon als Kind viele Kenntnisse über das Ende des vorletzten Jahrhunderts erworben hat.

Maria Steins Leben ist einerseits abgelaufen, wie das der meisten Münchner Bürger, die zwei Weltkriege und die nationalsozialistische Schreckensherrschaft aushalten mussten, andererseits ist es aber ein ganz besonderes, weil sie es in einer Bescheidenheit führt, völlig abseits von allen technischen Errungenschaften, die heutzutage ganz ungewöhnlich, dafür aber umso bewunderungswürdiger ist.

Ich bin Maria sehr dankbar, dass sie die anstrengende Arbeit für das Manuskript durchgehalten hat und wünsche ihr, dass sie an der Neuveröffentlichung dieses Buches viel Freude haben möge.

Im Europarat wurde bereits vor Jahren angeregt, die Geschichte der Bürger unseres Landes besser wahrzunehmen und zu dokumentieren. Deshalb habe ich für diese Neuveröffentlichung eine Sammlung von Fragen einbezogen, die Schüler über das Alltagsleben im vergangenen Jahrhundert gestellt haben, vornehmlich über die Zeiten der beiden Weltkriege.

Schon das erste Buch von 1989 wurde von einigen Lehrern im Heimat- und Sachkundeunterricht als Schullektüre verwendet.

Die Paulaner Brauerei und Peter Pongratz vom Paulaner am Nockherberg, wie der Salvatorkeller nun heisst, ermöglichen uns durch ihre großzügige Unterstützung, dass die Buchveröffentlichung im Salettl gefeiert werden kann.

Ihnen und Dagmar Hoegner, die mit viel Geduld das Manuskript in satzreife Form gebracht hat, gilt mein besonderer Dank.

München im Juni 2003                    *Karin Goetz-Dreher*
                                        Herausgeberin

# Drei Jahre in der Dienerstraße und 89 Jahre in der Edelweißstraße 7

Ich wurde am 5. März 1911 in der Dienerstraße 8 geboren, gegenüber von Dallmayr, dort wo sich heute der U-Bahn-Ausgang befindet, also hinter dem Rathaus im Marienhof. Meine Schwester Betty war damals schon sechs Jahre alt. Die Hebamme, die mich daheim entbunden hat, wickelte die Nachgeburt in Zeitungspapier, drückte das Packerl meinem Vater in die Hand und trug ihm auf, zum Pfisterbach hinüber zu gehen und es dort hinein zu werfen. Er müßte aber darauf achten, dass an dieser Stelle der Bach wirklich von unserem Haus weg-

*Maria im November 1912*

fließt. Das ist angeblich ein Aberglaube, aber in Wirklichkeit wollte man diesen Abfall nicht ins eigene Haus geschwemmt bekommen, sondern lieber weiter unterhalb liegende Häuser damit beglücken.

Bis ich tatsächlich das Licht der Welt erblickt habe, musste meine Mutter sich von Samstagnachmittag bis Sonntag in der Früh abplagen. Mein Vater durfte nicht zu ihr und ist zwischendurch in der Stadt mal spazierengegangen, wie das damals bei Hausgeburten eben so üblich war.

In der Dienerstraße 8 im III. Stock war mein Vater schon längere Zeit Zimmerherr beim Schuhmacher Schäffer, also Untermieter.

1909 sind die Schäffers ins Altenheim umgezogen und dadurch konnten meine Eltern die ganze Wohnung mieten:

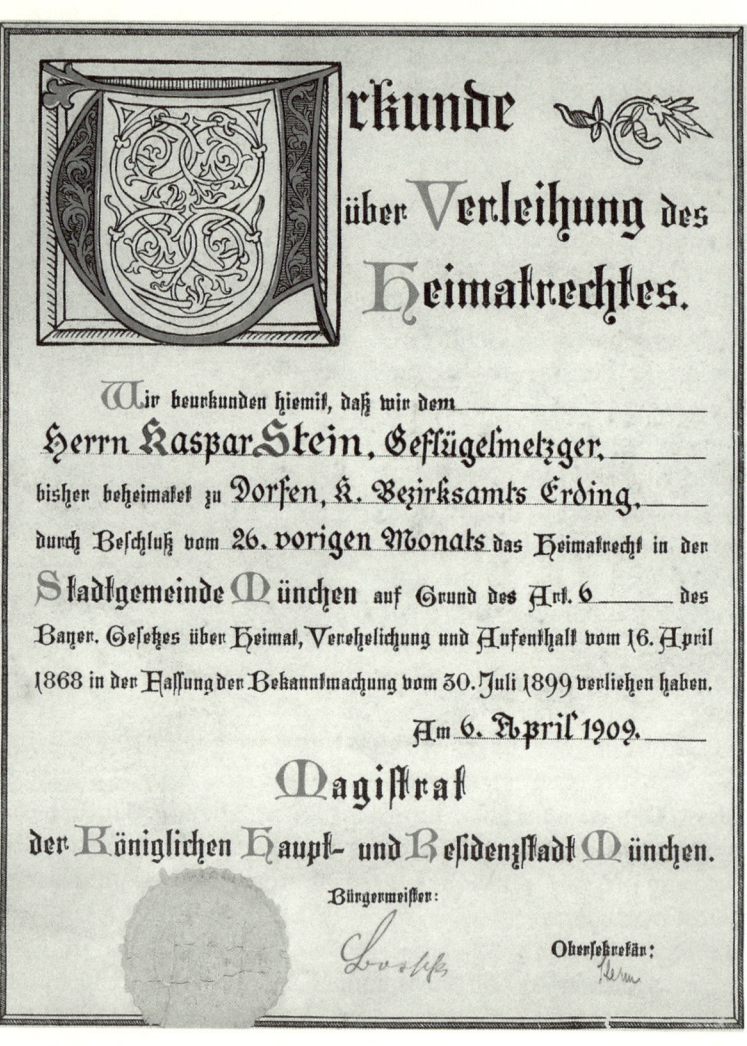

*Die Einbürgerung von Vater Stein*

große Küche, 2 Zimmer, Alkoven, langer Gang mit Fensterreihe zum Hof. Die Zimmer hatten teilweise als Lichtquelle Fenster zu diesem Gang und die einzige Wasserstelle für zwei Mietparteien war im Treppenhaus ein Ausguss mit Hahn, ebenso war dort das Klo.

Die Wohnung ging zur Gruft-/Landschaftsstraße hin, mit Blick auf das alte »Judenviertel«. Viel später bin ich dann öfters dorthin gekommen, als wir schon längst in der Edelweißstraße wohnten. Meine Chefs in der Musikalienhandlung haben mich nämlich manchmal zur Minna Falk geschickt, einer Charcutiers-Witwe, wie man damals eine Metzgersfrau nannte, um koschere Wurst und auch Geflügel zu holen.

Unter dem Dach im IV. Stock hat die Hebamme Specht gewohnt. Sie war aber bei meiner Geburt nicht dabei, weil sie schon zu alt war.

# In Giesing – da ist ja die Welt zu Ende!

1914, kurz vor Beginn des Ersten Weltkrieges, sind wir nach München-Giesing in die Edelweißstraße 7, III. Stock umgezogen und da lebe ich heute noch.

Meine Eltern haben in der Dienerstraße ausziehen müssen, weil der Vermieter die Räume für Büros gebraucht hat. In einem dazumal üblichen Wohnungsanzeiger wurden die Wohnungen in der Edelweißstraße 3–9 zur Miete angeboten. Die Eltern sind also hinaus gefahren und haben sich die Häuser angeschaut, die vollkommen neu und gerade erst bezugsfertig waren. Man hatte freie Wahl, weil die meisten Wohnungen noch nicht vermietet waren.

Im dritten Stock von Haus 7 hat die Mutter gemeint, der Blick in den Hof würde ihr so gefallen, mit dieser großen grünen Wiese und dem Kies

*Wohnungstür Edelweißstraße 7 1914 und genauso 2003*

außen herum, der so schön war. Dann hat sie noch den Verwalter gefragt, ob denn die Wohnung viel Sonne hätte. Ja, ja hat der geantwortet, den ganzen Tag kommt hier die Sonne hin. Der hat aber nicht die Wahrheit gesagt, denn in Wirklichkeit scheint nur im Hochsommer für kurze Zeit ein bisschen Sonne von der Seite auf den kleinen Balkon. Uns hat die Wohnung aber immer sehr gut gefallen, obwohl alle Fenster nach Norden hinausgehen.

In meiner Erinnerung waren die Häuser in der Edelweißstraße einfach besonders schön, aber die Kollegen meiner Mutter im Zerwirkgewölbe, wo sie damals gearbeitet hat, meinten ganz entsetzt: »Was, nach Giesing ziehen Sie, da ist ja die Welt zu Ende!«

Die Wohnungen waren verschieden groß, so hat es welche mit 2 Zimmern, Abstell- oder Wohnkammer und kleinem Balkon gegeben, oder 1-Zimmerwohnungen mit Schlafkammer, aber alle immer mit einer Wohnküche und eigenem Klo. Solche Etagenklosetts wie in der Dienerstraße hat es in den neuen Häusern in der Edelweißstraße schon damals nicht mehr gegeben. Jedoch ist bei mir heute noch der offene Spülkasten vorhanden, hoch oben an der Wand, mit einer Kette und birnenförmigem Porzellangriff für die Spülung.

Ein Bad hat es in keiner Wohnung gegeben und natürlich auch keine Dusche. Man ist eben alle paar Wochen oder auch wöchentlich in ein öffentliches Wannenbad gegangen, das sogenannte Tröpferlbad.

Bis heute habe ich in der Küche zwischen dem Ausguss und dem Kohleherd einen länglichen Hocker stehen, auf dem eine Schüssel mit warmem Wasser aus dem Herdgrandl gefüllt wird, damit man eine warme Körperwäsche machen kann. Auch die Haare werden so gewaschen oder die Kleinwäsche per Hand, ebenso das Küchengeschirr in einer Emailspülschüssel. Wahrscheinlich kann sich heute kein Mensch mehr vorstellen, dass man ohne Küchenspüle leben kann, aber bei mir geht das sehr gut und so bin ich zufrieden, wie es eben ist. Als wir Mädchen klein waren, hatten wir eine größere Zinkwanne, die für das Samstagsbad in der Küche aufgestellt wurde.

Die kleine Kammer am Ende des Ganges unserer Wohnung läuft im Mietvertrag unter dem Namen »Garderobe«. Ursprünglich war da ein kleines Fenster ins Treppenhaus. Dieses ist aber inzwischen zugemauert worden, weil es die Feuerpolizei so verlangt hat.

In der Küche gab es beim Einzug bereits einen Wamsler-Kohleherd und einen 2-flammigen Gasherd, der an den Kohleherd mit einem Blech und mit Schrägstützen angeschraubt war. Am Herd war ein Schild befestigt mit der Aufschrift »Eigentum der Gaswerke«. Nach einer bestimmten Anzahl von Jahren ist dieser kleine Gasherd dann an den Mieter übergegangen. Es war eine schöne Messingstange daran, die ist immer fest geputzt worden, so wie auch der Messinghahn am Ausguss und die Türgriffe und Fensterreiberl. Die Türen waren von Anfang an weiß gestrichen und es hat bei den Wohnungen damals geheißen, dass sie so schön wären, weil alles weiß ist. Das war vor dem Ersten Weltkrieg etwas ganz Besonderes, denn sonst waren die meisten Türen und Fenster braun gestrichen, aber bei uns waren sie hell und deshalb viel freundlicher.

# Blumensträußchen am Gewehrlauf

Wir waren also im Juni 1914 in die Edelweißstraße 7 eingezogen und zwar meine Eltern, meine Schwester und ich und unser Kater Schorschi. Gleich am Anfang war er plötzlich spurlos verschwunden und unsere Mama und wir Kinder waren natürlich todunglücklich. Da hat uns eine Nachbarin einen guten Rat gegeben: »Wissen's was, da tun's jetzt in das Wasserschüsserl vom Schorscherl eine Münze rein und dann beten's zum Heiligen Antonius und dann finden's ihren Schorscherl wieder.« Das hat die Mama dann auch gemacht, eben auf ihre evangelische Art, weil es bei uns keinen Heiligen Antonius gegeben hat. Dabei ist ihr eingefallen, dass der Schorscherl irgendwie aus der Wohnung herausgeschlüpft und dann vielleicht in eine leere Wohnung hineinspaziert sein könnte. So hat sie den Hausmeister um Hilfe gebeten und der hat ihr gleich die Wohnung unterhalb der unsrigen aufgesperrt. Da ist der Schorschi doch tatsächlich auf dem Kachelofen gehockt, in dieser leeren Wohnung, zwei Tage lang!

Eine ganz frühe Erinnerung an die ersten Wochen in der Edelweißstraße sind feldgraue Soldaten mit kleinen Blumensträußen am Gewehrlauf, die auf der Tegernseer Landstraße marschiert sind. Wir haben am Zaun der Heimgärten gestanden, dort wo sich heute die Tela-Post befindet. Das war die Zeit als der Erste Weltkrieg anfing, etwa im September 1914.

Mein Vater hat gegen Ende 1914 in einem Wildbretgeschäft gearbeitet. Er hat ein Reh abziehen müssen und sich dabei an einem Knochen in den Daumen gestochen, wobei er sich eine schwere Blutvergiftung zugezogen hat. Deswegen musste ihm ein Teil des Daumens abgenommen werden. Dazu hat Dr. Kolb in der Gietlstraße den Daumen etwas vereist und dann das obere Glied ohne weitere Betäubung abgeschnitten und vernäht, eigentlich die Haut vom Restdaumen nur so zusammen gezogen. Ich habe heute noch den Geruch von Kamillentee in der Nase, den Mama die ganze Zeit gekocht hat, weil die Hand darin gebadet werden musste. Papa ist es sehr schlecht gegangen, denn wochenlang hat die Blutvergiftung in ihm getobt. Er hatte hohes Fieber, ist aber trotzdem an der frischen Luft draußen auf dem Balkon gesessen, in einem Stuhl mit Decke und dickem Kissen gepolstert. Zu der Zeit ist dann eine schlimme Nachricht gekommen und zwar, dass Herr Tiede, mit seiner Familie auch ein erster Mieter im Haus, gleich zu Beginn des Ersten Weltkrieges gefallen ist. Ich weiß nicht mehr, wie er ausgeschaut hat, aber ich kann mich erinnern, dass es das einzige Mal war, dass ich den Papa habe weinen sehen. Er war durch die Daumenamputation sehr geschwächt und dieser Tod ist ihm auch deshalb so nahe gegangen, weil der Krieg gerade erst angefangen hatte und er ahnen musste, was noch alles auf uns zukommen würde. Tatsächlich ist auch Onkel Bartholomäus, der einzige richtige Bruder meines Vaters, schon Anfang 1915 ebenfalls gefallen. Ich kann mich noch gut erinnern, wie er sich im August 1914 bei uns verabschiedete, bevor er in den Krieg musste.

In der Edelweißstraße stand damals gegenüber nur das Haus mit der Wirtschaft »Alpenhof«, die anderen Häuser waren noch in Bau. Eine kurze Zeit hat man da über eine Wiese bis nach Sendling schauen können. Noch eine alte Erinnerung ist, dass ich auf unserem kleinen Balkon sitze und zwar auf einem roten Kinderklappstuhl. Auf dem spielte ich mit den Klupperln, weil ich ja keine Puppen besessen habe. Und so waren eben die Klupperln meine Puppen. Diese Wäscheklammern haben keinen Metallschnapper gehabt, sondern waren einfach so gerade geschnitzt, mit einem Schlitz in der Mitte, mit dem man die Wäsche oben auf der Wäscheleine festgesteckt hat.

Wenn ich heute daran zurückdenke, dann wird mir schon klar, dass ich ein sehr anpassungsfähiges Kind war, immer zufrieden mit dem, was man mir aufgetragen hat. Dabei war ich aber sehr beobachtend und habe den Erwachsenen meistens genau zugehört. Das kommt mir bis heute zugute, weil mein Gedächtnis auch jetzt noch, also mit 92 Jahren, recht gut arbeitet, sodass ich von unendlich vielen Erinnerungen zehren kann. Natürlich strengt mich das Erzählen für dieses Buch oftmals sehr an, weil dabei Dinge hochkommen, die mir vielleicht schon früher hätten klar werden müssen, um anders danach handeln zu können. Unbewußt wurde eben viel beiseite geschoben, denn es gab, nach heutiger Sicht, zahlreiche unnötige oder sogar schädliche Tabu, die vor allem für Mädchen galten. Überhaupt kommt es mir so vor, als ob mich die Zeit völlig überrollt hätte und ich nicht nur aus dem letzten Jahrhundert bin, sondern fast eher aus dem vorletzten!

Auf unserem kleinen Balkon waren immer ein Nelkenstock und Kapuzinerkresse, die Mama angepflanzt hat. Viele Spatzen hat es gegeben, aber keine Tauben, die gurrten vorne an der

Brücke herum und in dem hohen Haus daneben unter dem Giebel. Dort war nämlich früher ein großer Taubenschlag.

Als wir in die Edelweißstraße eingezogen sind, war ich noch zu klein für den Kindergarten. Weil meine Mutter damals im Zerwirkgewölbe arbeitete, hat sie mich mit dem Kinderwagerl zur Großmutter in die Au hinunter gefahren und nach der Arbeit wieder abgeholt. Später hat sie mich im Kindergarten angemeldet und die hielten mich dort für arg klein, meinten aber, wenn ich sauber wäre, dann könnten sie mich nehmen. So bin ich zuerst am Mariahilfplatz und dann bei der Kolumbusschule und noch später bei der Agilolfingerschule in den Kindergarten gegangen. Besonders an den habe ich eine sehr schöne Erinnerung, denn dort habe ich zum ersten Mal mit einer großen Puppe spielen dürfen.

Meine Mutter hat mich dann immer über den Bergsteig bis zum Serpentinenweg begleitet. Von dort bin ich allein über die Wiesen mit Gänseherden weitergelaufen, wo sich heute die Voss- und die Pilgersheimerstraße befinden. Bis zur Ecke der Kühbachstraße in Untergiesing hat von oben meine Mutter mein rotes Jackerl sehen können. Ich weiß auch noch, dass es beim Hans-Mielich-Platz einen Bauernhof und eine Gärtnerei gab, letztere mit zwei sehr mächtigen Bernhardinerhunden. Nach der Bahnunterführung ist die Birkenau angegangen und dort haben die Gänsehändler, die Kuttler, Fiaker und Hundsscherer und später auch der Pferdemetzger gelebt.

Als ich schon ein bisschen größer war, hat mich Papa einmal zum Flickschneider in der Unteren Grasstraße mitgenommen. Mama hat gemeint ich sollte sehen, wie wirklich arme Leute wohnen und wie gut es uns dagegen geht. Dieser Flickschneider hat Sachen aus dickem und steifem Stoff gerichtet, was Mama nicht selber nähen konnte. Außerdem wollten meine Eltern diesen bitterarmen Menschen einen kleinen Verdienst zukommen lassen. Seine Frau hat ganz verschüchtert, abgezehrt und alt ausgeschaut, dabei war sie sicher noch recht jung. Sie hatten ein paar Kinder, alle in einem Raum und zwar der düsteren Küche, wo die Frau am Herd gestanden war. Es

16

gab nur ein winziges Fensterchen im Dachgeschoß von diesem Spitzgiebelhäusl und der einzige Raum, also die Küche, war auch der Arbeitsplatz des Flickschneiders. Unter der Dachschräge war noch ein Dunkelkammerl, wohl mit ein oder zwei Schlafgelegenheiten. Ein Bett für sich allein hatten solche armen Leute eigentlich nie.

## Die gemütliche Wohnung

Auch bei uns hat sich fast das ganze Familienleben in der Wohnküche abgespielt. Es gab ein Kanapee, auf dem der Vater, die Mutter und ich gesessen sind. Meine Schwester saß in der Regel auf einem Stuhl an der schmalen Seite des Tisches. Wenn wir Besuch hatten, konnte man den Tisch von der Fensterseite ein bisschen wegrücken und dort auch noch einen Stuhl hinstellen.

Außer dem Ausguß und dem Kohleherd an der linken Seite der Küche stand gegenüber, also rechts neben dem Kanapee noch eine Anrichte, denn einen Küchenkasten, solch einen richtigen Küchenschrank, hat man sich damals nicht leisten können.

Für das Geschirr und andere Küchensachen hat man sogenannte Rahmen gehabt, heute würde man sagen Hängeborde für Schüsseln, und kleine Rahmen für Tee- und Kaffeebüchsen, für Bierkrüge, für die Kaffeemühle usw. An den verschiedenen Rahmen waren Haken angeschraubt, an denen Tassen oder Becher hingen. Die Anrichte hatte eine Schublade, darunter hing ein Vorhang hinter dem die Töpfe standen. In der Schublade lagen das Besteck und sonstiges kleines Küchenzubehör. Über dem Herd hing ein Emailgitterkorb, z.b. für Zwiebeln und links und rechts hingen Steingutgefäße mit Holzrückwand, in denen Mehl und Salz waren.

In dem größeren Zimmer hatten meine Eltern ihr Schlafzimmer. In meinem heutigen Wohnzimmer stand das Bett meiner Schwester und für mich ein Kinderbett mit Holzgitter. Neben

17

dem hohen Eisenofen gab es noch eine Kommode mit zwei-
geteiltem Deckel, dessen einen Teil man zurück- und den
anderen nach vorne klappen konnte. Darauf hat man die schöne Steingutwaschschüssel mit Krug gestellt. Da wir uns alle
nie mit diesem Waschgeschirr gewaschen haben, sondern in
der Küche am Ausguß, stand es fast nur zur Zierde da.
Auf dem Kommodendeckel hatten auch noch Bilderrahmen
Platz und andere besondere Dinge, z.b. eine Schachtel mit
Deckel, die meine Schwester in der Handarbeitsstunde aus lauter Postkarten zusammengenäht hat, mit einem schönen Dek-
kenstich, für damals etwas ganz Besonderes als Schülerarbeit.
An den Wänden in der Wohnung hingen fast nur Familienfo-
tos, darunter war ein Riesenbild mit mächtigem Rahmen und
das war das Brautbild meiner Eltern. Als Kind dachte ich mir
immer, was das wohl für Leute sein mögen, weil die mir so
fremd vorgekommen sind. Mama und Papa stehen darauf ganz
starr da und auch die Mode war ganz anders.
Nach und nach hat meine Mutter diese Fotos abgenommen
und dafür Landschaftsbilder oder Stillleben aufgehängt. Die
meisten Fotos liegen noch unter den Bildern in den Rahmen
als Unterlage. Alle übrigen Fotos sammle ich in Mappen, darunter auch eines der Verwandtschaft auf dem alle steif dasit-
zen, lauter dunkel gekleidete Gestalten, bis oben zugeknöpft.
Bis heute hängen bei mir noch einige kleinere Fotos, z.B. das
von der Silberhochzeit meiner Eltern im Jahr 1934.
Beim Einzug in die Edelweißstraße hat es noch kein elektrisches Licht gegeben und Gaslicht war nur für die Lampe und
den zweiflammigen Herd in die Küche gelegt. Diese Lampe
hat man am Strumpf von unten angezündet.
Das Gaslicht im Treppenhaus, eine Lampe in jedem Stockwerk, hat gegen 5 Uhr nachmittags immer der Hausmeister
angezündet.

Bei uns im Gang hing an der Wand eine ganz einfache kleine
Petroleumlampe und im Wohn-/Kinderschlafzimmer hatten
wir eine schöne rundliche Porzellan-Hängelampe, die auch mit
Petroleum gefüllt wurde. Im Elternschlafzimmer stand nur ein

*Hochzeit der Eltern – München 1909*

Ölschwimmerl auf der Kommode. Ins Klo kam durch ein Glasfensterchen in der Tür ein fahler Lichtschein vom Gang herein.

Um die Inflationszeit herum, also etwa 1923, wurde in die Küche eine elektrische Leitung gelegt. Von dort mussten die Mieter dann später die Leitungen für die anderen Zimmer selber legen lassen.

Für das Gas in der Wohnung gab es in der Küche einen recht großen Zähler. Das war ein Ungetüm im Vergleich zu den heutigen Gaszählern. Der Mann vom Gaswerk musste zum Ablesen mit einem Trichter Wasser in dieses Gerät gießen bis der Zähler aufgefüllt war, dann konnte man ihn ablesen. Es hat abscheulich gestunken, wenn der Mann den Deckel aufgeschraubt hat um den Trichter aufzustecken. Meiner Erinnerung nach hat eine Wasserfüllung etwa 7 Monate gereicht, doch später wurde dann monatlich abgelesen.

Als Fußbodenbelag gab es kein Linoleum, das haben sich damals nur reiche Leute leisten können. Wir hatten Holzböden aus breiten Föhrenholzbrettern, die wir auf den Knien schrubben mussten. Erst kurz vor den 1930er Jahren haben wir uns den ersten Teppich gekauft.

Anfangs hatte der Holzboden noch keine Ritzen, doch später ist er so rauh geworden durch das ewige Putzen, dass meine Mutter beschlossen hat, es so nicht mehr mitzumachen. Sie wollte sich nicht ewig diese Schiefer einziehen und so haben meine Eltern wenigstens in die Küche Linoleum legen lassen. Im Schlafzimmer lag nur ein kleines Reststück unter dem eigentlich immer unbenutzten Waschtisch mit Schüssel.

Außer den Ehebetten und einem Schrank stand im Elternschlafzimmer eine Kommode mit weißer Marmorplatte. Darauf war ein Aufsatz befestigt mit einem holzgerahmten Spiegel und rechts und links schönen holzgeschnitzten Halterungen. Jeweils darunter befand sich eine kleine Schublade, in der einen die Bartbinde von Papa, die er nur sonntags benützt hat, wenn er sich zum Fortgehen gerichtet hat. Die wurde mit zwei Gummischlaufen an beiden Ohren eingehängt und hat fast wie ein unter die Nase verschobener kleiner Maulkorb ausgeschaut.

In dem anderen Schubladerl lagen Haarnadeln und die ausgekämmten Haare von Mama, zu Bällchen zusammengezwirbelt, die im Laufe der Zeit eine ganze Polsterfüllung ergeben haben.

Der Kachelofen im Schlafzimmer hatte eine Durchsicht, in der standen immer die Rutscherl, wie man diese Bügeleisen genannt hat. Der Kachelofen wurde von 1914 bis heute, also bis 2003, nie beheizt, obwohl er nach den Kriegsschäden von 1944 wieder neu aufgemauert wurde. Wir waren offensichtlich so abgehärtet, und ich bin es mit 92 Jahren noch, dass wir immer gerne kalt geschlafen haben.

Die Rutscherl sind in der Durchsicht also nur abgestellt worden und wenn man sie benützten wollte, wurden sie mit dem kleinen Gasherd in der Küche auf einer extra dafür vorgesehenen Flamme heiß gemacht. Ich glaube, ein elektrisches Bügeleisen hatten wir erst ab den 1950er Jahren.

Der hohe Eisenofen mit schönem eisernem Aufsatz in unserem Wohn-/Kinderzimmer, stand durch die Bomben- und Wasserschäden ab 1944 mindestens eineinhalb Jahre immer im Feuchten und war dann total verdreckt und verrostet. Deshalb haben wir ihn schließlich auf den Speicher gestellt und ihn durch einen kleinen Schamottsteinofen ersetzt, den man ein paar Jahre nach dem Zweiten Weltkrieg kaufen konnte. Wann der ehemals schöne Eisenofen vom Speicher verschwunden ist, kann ich mich nicht mehr erinnern.

Den jetzigen kleinen Kohleofen in diesem Zimmer heize ich nur ganz selten ein, z.b. wenn besonderer Besuch kommt, an Geburtstagen oder auch an Silvester. Nach einer Benützung richte ich in den abgekühlten Ofen gleich wieder das Heizmaterial ein, damit ich ganz schnell Wärme bekomme, wenn ich es überraschend brauche. Normalerweise ist der Kohleherd in der Küche meine einzige Wärmequelle und da mache ich es mit dem Einrichten genauso, wenn ich einmal ein paar Tage weg bin. Es ist sehr angenehm, wenn ich beim Heimkommen nur ein Streichholz ans Ofentürl halten muss und schon fängt es an wohlig zu knistern.

Zu jener Zeit hatten wir immer noch die einfache Anrichte in der Küche, dann wollte meine Mutter – etwa 1926 – endlich einen richtigen Küchenschrank haben. Den hat sie auf Abzahlung gekauft und jeden Monat etwa fünf Reichsmark zurückbezahlt. Dieser Küchenkasten steht heute noch unverändert bei mir!

Übrigens, den dreitürigen Schlafzimmerschrank hat Mama damals auch auf Abzahlung gekauft. Bei der Heirat 1909 besaß sie nur einen eintürigen und Vater einen Spiegelschrank aus seinem »Herrenzimmer« in der Dienerstraße. Dieser steht heute bei mir in der Edelweißstraße in der Abstellkammer.

Vor und auch nach dem Ersten Weltkrieg war es ganz normal, dass man sich nicht eine ganze Wohnungseinrichtung, wenn sie auch noch so einfach war, auf einmal kaufen konnte. Ganz allmählich ist eben immer ein Stück dazugekommen.

## Mein Vater Kaspar Stein (1878–1957)

*Kaspar Stein bei den Chevauxlegers, Augsburg 1899*

Mein Vater wurde 1878 in Dorfen bei Erding geboren. Man taufte ihn Kaspar, weil er der Erstgeborene war und aus Familientradition viel Wert auf diesen Namen gelegt worden ist. Ein Petschaft, das ist ein Handstempel zum Versiegeln, ist die einzige Erbschaft vom Großvater und ich hüte sie deshalb wie einen Schatz in meinem Vitrinenschrank.

Mein Vater wurde im Ersten Weltkrieg nicht eingezogen, weil er als junger Mann mit 21 Jahren beim Chevauxlegers-Regiment, auf münchnerisch »d'Schwoli«, mit dem Pferd gestürzt war. Er lag so unglücklich darunter, dass er eine Lungenquetschung erlitt. Seither kränkelte Papa sehr häufig.

Etwa 1898 war er in Erding zum Militärdienst eingezogen worden und der Unfall passierte im Manöver im Lechfeld bei Augsburg. Er bekam dann einen 30 %igen Zivilversorgungsschein und eine ganz kleine Militärrente.

Großvater Stein in Dorfen war Kleinbauer und hat zusätzlich auf verschiedene Art sein Geld verdient, heute würde man wohl sagen Nebenerwerbsbauer.

Mein Urgroßvater, also sein Vater, war Dachdecker. Er ist beim Arbeiten vom Kirchturm gefallen und dabei tödlich verunglückt.

Als Bub musste mein Vater in Dorfen immer zum Schinder, das ist der Abdecker, der eingegangenes Vieh verwertet, auch Hunde und Katzen, um Fleisch für Großvaters Dogge und den zahmen Raben zu holen. Der Schinder hat in einem kleinen Häuschen außerhalb von Dorfen gewohnt, das bis heute besteht, nur etwas umgebaut.

Die riesige Dogge wurde vor einen kleinen zweirädrigen Milchkarren gespannt und hat mit dem Großvater zweimal am Tag bei den Bauern die Milch eingesammelt und sie zum Bahnhof gebracht, von wo aus sie mit dem Zug zum Ostbahnhof nach München transportiert wurde.

Der zahme Rabe ist mit gestutzten Flügeln immer im Hof der Großeltern herumgehüpft. Außerdem besaßen sie noch eine Natter, die hauste unter der Türschwelle am Eingang. Sie war zum Mäuse- und Ungeziefervertilgen da, war ungefährlich und zahm und hat immer mal ein Schüsselchen Milch hingestellt bekommen.

Hinter dem Ofen haben die Großeltern Grillen gehalten, die in kleinen grasgefüllten Holzhäuschen lebten. Ganz plötzlich haben sie das Zirpen angefangen und ich könnte mir denken, dass man deswegen vom Heimchen am Herd redet. Den Großeltern machten diese Tierchen Freude und so haben sie diese einfach zum Vergnügen gehalten.

Es könnte auch sein, dass man sie brauchte, weil sie durch ihr plötzliches Verenden anzeigten, wenn zu viel giftiges, aber geruchloses Kohlenmonoxid aus dem Ofen ausströmte. In Bergwerken hat man sogar Kanarienvögel als Giftgasmelder hergenommen, wie mir mal jemand erzählte. Der erste Arbeiter, der in die Grube gestiegen ist, hat meist an einem langen Haken einen kleinen Käfig vor sich her getragen, in dem ein Kanarienvogel hockte. Ist der tot vom Stangerl gefallen, dann wusste man, dass ein giftiges Gas ausgeströmt ist und dann stieg man nicht weiter in die Grube ein.

*Grossvater Stein mit der Tapferkeitsmedaille von 1866 Aufnahme von 1890*

Großvater Stein (1846–1917) ist das erste Mal Witwer geworden, als seine Frau bei der Geburt des zweiten Buben gestorben ist. Sein Erstgeborener, Kaspar, war mein Vater, der Zweitgeborene war Bartholomäus, der zu Beginn des Ersten Weltkrieges gefallen ist. Großvaters zweite Frau starb schon nach einem Jahr, die dritte Frau Rosina brachte eine kleine Tochter Anna mit in die Ehe und bekam weitere drei Mädchen und zwei Buben. Das waren alles gleichwertige Onkel und Tanten für meine Schwester und mich, und Rosina war wie eine richtige Großmutter. Es gab daher auch viele Vettern und Cousinen in Dorfen und so haben Betty und ich 1918 für eine Woche dort die Sommerferien verbracht. Wir sind immer zum Ährenlesen gegangen und auch zum Sammeln von Kümmel, Kamille und Brennnesseln. Das haben wir alles getrocknet und mit nach München genommen. Die gesammelten Ähren haben wir zu dikken Bündeln gebunden und diese zur Obermühle gebracht. Dort haben wir dann ein Sackerl Mehl dafür bekommen.

Großvater ist bei den zahlreichen Schnittwunden, die es seinerzeit an Händen und Fingern oft gegeben hat, in den Stall

24

*Grossvater Kaspar Stein in Dorfen 1913*

gegangen, hat über die Wunden gepinkelt und dann als Verband um Finger oder Hand einige Spinnweben gewickelt. Das muss sehr entzündungshemmend und heilend gewirkt haben. Er hatte überhaupt ein großes Wissen, was alternative Heilmethoden betrifft und nicht nur Heilpflanzen- und Kräuterkenntnisse. Dafür war er auch weit herum in der Gegend von Dorfen bekannt und gefragt.

Als sein jüngster Sohn Xaver als Kleinkind 1885 in die Waschlauge gefallen ist, hat er den Buben, der an einer Körperseite schlimme Verbrühungen erlitt, erfolgreich mit »Zeller-Pomad« behandelt.

Im Garten hatten die Großeltern einen großen Kirschbaum, der meistens viel getragen hat.

Großmutter hat in dieser Zeit ständig Kirschen gegessen, aber nie Steine ausgespuckt. Deshalb haben wir sie gefragt, warum sie das macht und da sagte sie lachend: »Die spuck' ich freilich nicht aus, sonst hätt' ich ja nichts gegessen!«.

Großvater wurde nach dem Krieg gegen Preußen von 1866 mit der Bayerischen Tapferkeitsmedaille ausgezeichnet. Er kämpfte damals in der Gegend nördlich von Kelheim, jedoch half seine Tapferkeit gar nichts, denn die bayerischen Truppen haben den Krieg trotzdem verloren! Übrigens sollte man diesen Krieg nicht verwechseln mit dem Franzosenkrieg von 1870/71, wie in meinem Bekanntenkreis schon öfters geschehen.

# Das Parteibuch im Küchenofen

Mein Vater war gelernter Geflügelmetzger und ist schon als ganz junger Mann in die SPD eingetreten, nach dem Vorbild meines Großvaters in Dorfen, der auch Mitglied in der Sozialdemokratischen Partei war, was ihm das Leben auf dem Land nicht gerade leicht gemacht hat.

Mein Vater hatte als Zeichen der Mitgliedschaft eine schwarz-rot-goldene Armbinde, wenn er bei Parteiveranstaltungen in München Saalordner war.

Während der Räterepublik 1919 hat meine Mutter aus lauter Angst vor einer Hausdurchsuchung, die es wegen des Verdachts von Waffenbesitz gegeben hat, die Armbinde und das Parteibuch im Küchenofen verbrannt. Als Papa das erfuhr hat er die Hände über dem Kopf zusammengeschlagen und war ganz entsetzt. Meine Mutter hat sonst nie etwas gemacht, ohne es mit meinem Vater zu besprechen. Deswegen hat ihn das besonders erschüttert.

Über etwas anderes hat er sich ständig aufgeregt, nämlich dass es für Frauen kein Wahlrecht gab. Meine Mutter dagegen fand es ganz unpassend, wenn ein Mann mit dem »Millihaferl« über die Straße gegangen ist oder wenn er den Kinderwagen geschoben hat. Das wäre doch kein richtiger Mann meinte sie. Dabei war meine Mutter eine selbstbewusste und fortschrittliche Frau und hatte viel Organisationstalent. Auch das gesamte Geld hat sie immer verwaltet und hat den Papa beruhigt, wenn er zaudernd war und meinte, dies oder das könnten wir uns doch nicht leisten.

Mein Vater war wohl ein ähnlicher Menschentyp wie ich selber, immer abwägend und unsicher ob etwas nicht Unheil bringen könnte, eben viel zweifelnd. Anscheinend habe ich auch von ihm geerbt, dass mir bis heute der Umgang mit Geld ein Gräuel ist. Lebenslang habe ich immer sehr genügsam gelebt um niemals dem Staat oder meiner Umgebung zur Last zu fallen.

Papa hatte in den Jahren vor seiner Heirat schon bei verschiedenen Geflügelmetzgern gearbeitet, aber diesen Beruf wohl nie so recht gemocht. In seiner Jugend, vor allem auf dem Land, durfte man damals nicht wählerisch sein und musste das lernen, was gerade angeboten wurde. Schon als Junggeselle hatte er ein Fahrrad und ist damit von seinem Untermietzimmer in der Dienerstraße zu seiner jeweiligen Arbeitsstelle geradelt, oft recht weite Strecken. Daheim musste er das Rad schultern und in den 3. Stock hinauftragen um es über Nacht in Sicherheit zu bringen. Ich kenne das Fahrrad allerdings nur aus Erzählungen und weiß auch nicht, warum er es in der Edelweißstraße nicht mehr hatte.

Schon bei der Hochzeit meiner Eltern 1909 meinten manche ihrer Freunde, meine Mutter würde sicher bald Witwe werden, so kränkelnd wie mein Vater seit dem Sturz mit dem Pferd oft gewesen ist. Schon im Ersten Weltkrieg war er als Kriegsuntauglicher durch die Folgen dieser Lungenquetschung bei der Arbeitssuche in großen Schwierigkeiten.
Einige Zeit hat er damals bei dem Sägewerk Kurzenberger in der Tegernseer Landstraße gearbeitet, gleich neben der Burg Fichteneck, etwa zwischen dem heutigen Katzenbuckl und dem Quirinplatz. Fichteneck gibt es zwar seit langem nicht mehr, dafür aber dort seit 1997 eine der schönsten U-Bahn-Stationen in München mit diesem Glasdach, das ausschaut wie eine riesige nach unten aufgeklappte Muschel.

*Familie Stein in der Küche 1918; Maria mit »Schnecken-Frisur«*

Im Sommer 1915 hat Mama mal Apfelkücherl gebacken um ein Päckchen davon Onkel Bartho an die Front zu schicken. Ich habe ihr vom Sofa aus zugeschaut und plötzlich ist der an der Wand aufgehängte Schöpflöffel wie von Geisterhand mit großem Gescheppere auf den Herd gefallen. Da rief meine Mutter ganz erschrocken: »Jetzt ist dem Bartho wohl etwas passiert!«
Einige Wochen später kam das ganz vergammelte Päckchen zurück mit dem Vermerk »Unzustellbar – Empfänger auf dem Feld der Ehre gefallen«.

Etwa 1917 wurde in der Neuhauser Straße das Kaufhaus Oberpollinger eröffnet und mein Vater wurde dort als Hausdiener angestellt. Damals waren die Geschäfte täglich, auch samstags von 9 bis 19 Uhr geöffnet, sodass Papa nur am Sonntag frei hatte. Erst nach dem Zweiten Weltkrieg gab es einen zusätzlichen freien Wochentag.
Papa musste öfters eine Lebensmittellieferung von Oberpollinger mit einem Handkarren zum Restaurant im Tierpark Hellabrunn bringen. Sein Fußmarsch ging also über den Sendlin-

28

ger Tor-Platz, durch die Thalkirchner Straße und dort am Ende über die Isar-Brücke. Am Vorabend hat er mir immer gesagt, ich solle ihm auf seinem Weg entgegenkommen, damit ich dann umsonst in den Tierpark gehen kann. An solchen Tagen war ich ganz selig, auch weil ich solch ein »Papa-Kindl« war. Leider wurde der Tierpark 1922 in der Inflationszeit geschlossen und erst 1928 wieder geöffnet.

In den etwa 10 Minuten, die die Lieferung gedauert hat, habe ich mir die kleinen Bären angeschaut, weil sich der Bärengraben direkt hinter dem Restaurant befand. Dann bin ich mit Papa den ganzen Weg wieder zurückgelaufen und war stolz auf ihn, weil er für mich mit diesem Oberpollinger-Handwagen etwas Besonderes war.

# Arbeitslos

Um 1925 ist meinem Vater eigentlich etwas Läppisches, aber in jener Zeit, wo jeder froh war Arbeit zu haben, sehr Schlimmes passiert. Er ließ in der Teppichabteilung bei Oberpollinger eine Linoleumrolle fallen, was den Direktor in seinem Büro erschreckt hat. Der kam angerannt und wollte wissen was passiert sei. Das hat meinen sonst eher ruhigen und zurückhaltenden Vater so geärgert, dass er vor sich hin murmelte:»Der soll mich doch am A...... lecken!« Daraufhin wurde er fristlos entlassen. Als ich an diesem Abend heimkam, saß er ganz niedergeschlagen da und hat uns alles erzählt. Zum Glück war er Gewerkschaftsmitglied und konnte so gegen die Entlassung klagen. Wenigstens drei Monate lang bekam er dann sein Gehalt noch weiterbezahlt.

Nun war Papa also arbeitslos und das in der Zeit der beginnenden Weltwirtschaftskrise! Oft ist er mitternachts, mitten im strengen Winter, bei der Giesinger Straßenmeisterei in der Aignerstraße angestanden, um eine Kippkarre zu ergattern. Viele Arbeitslose haben damals versucht durch Schneeschaufeln bei der Stadt München zu verdienen.

Selbst bei der Arbeit im Freien hatte Papa statt Socken meist Fußlappen, die er daheim auf den Boden legte, dann darauf gestiegen ist und diese am Fußrist säuberlich übereinander geschlagen hat. Wichtig war, dass es Stofflappen ohne Naht waren, damit es nach dem Hineinschlüpfen in die Stiefel nicht gedrückt hat. Zum Ausziehen hatte er den Stiefelknecht, so ein schräges Holzbrett mit einer runden Öffnung, in die man den Stiefelabsatz einklemmen konnte.

Später fand Papa dann eine Arbeitsstelle in einer Holzwollefabrik am Ostbahnhof. Er musste den ganzen Tag mit den Füßen Holzwolle einstampfen, die dann zu Ballen gepreßt wurde. Dabei hat es so arg gestaubt, dass Papa wieder lungenkrank wurde. Wohl war die Erkrankung ähnlich wie bei einer Staublunge, unter der auch viele Bergarbeiter gelitten haben. Also wurde er für drei Monate ins Lungensanatorium nach Kirchseeon geschickt. Dort haben wir ihn am Wochenende öfters besucht und haben gestaunt, wie er dort hochgepäppelt wurde. Bald hatte er 30 Pfund zugenommen, obwohl er verschiedene Schmankerl, wie z.B. Mehlspeisen oder andere feine Nachspeisen, immer für uns aufgehoben hat.

Nicht lange danach bekam ich »offene Beine«, wie man damals sagte, eine nicht mehr heilende Venenentzündung. Die wurde offensichtlich lange Zeit falsch behandelt, denn erst etwa 1940 hörte meine Mutter von dem Heilpraktiker Lechner, der in Schwabing Ecke Friedrich-/Römerstraße praktizierte und brachte mich zu ihm. Das war nicht so einfach für uns, weil das kein Arzt war und wir deshalb alles selber zahlen mussten. Aber Herr Lechner hat mir mehr geholfen als all die Ärzte vorher, weil er erkannte, dass ich eigentlich keine Venenentzündung hatte, sondern eine Hauttuberkulose.
Da das Sanatorium in Kirchseeon viele Tuberkulosekranke beherbergte, habe ich mich wahrscheinlich damals während der Besuche bei meinem Vater angesteckt. Durch die Behandlung dieses Heilpraktikers waren meine Beine, nach all den

vielen Jahren der Plagerei und Einschränkungen, tatsächlich bald für immer geheilt.

Als ich schon einige Zeit zu Herrn Lechner in Behandlung ging, stand 1942 eines Tages ein Gestapo-Mann im Wartezimmer und schickte alle Patienten nach Hause. Er sagte nur, Herr Lechner wäre für ein paar Tage nicht da. Später erfuhr ich, dass er von der Gestapo (Geheime Staatspolizei) am Wittelsbacher Platz verhört worden war.

Einer seiner Patienten war Rudolph Hess, der Stellvertreter des »Führers«, der in jenen Tagen, angeblich auf eigene Faust, nach England geflogen war, um mit Churchill einen Beistandspakt gegen Russland zu schließen. Die Nazis wollten nun von Herrn Lechner wissen, ob sein berühmter Patient ihm womöglich irgendwelche Geheimnisse verraten hat. Sie konnten ihm nichts nachweisen und so wurde er glücklicherweise bald wieder freigelassen. Wegen seiner Patienten ist er, trotz der immer heftiger werdenden Luftangriffe, in München geblieben. Nur seine junge zweite Frau – er war ein schon älterer Witwer – mit den Zwillingsbuben hatte er aufs Land evakuiert. 1944 traf eine Sprengbombe das Haus in der Römerstraße, es fiel in sich zusammen und begrub Herrn Lechner und seine Patienten, die sich bei dem Fliegerangriff in den Keller geflüchtet hatten, alle unter sich. Das Einzige, was man danach von ihm noch gefunden hat, war ein einzelner Schuh.

Ende der 1920er-Jahre wurde mein Vater Lagerarbeiter bei Kathreiner, einem großen Lebensmittelhandel. In dieser Zeit bekam er eine ganz schwere Gallenblasenentzündung und da habe ich meine Mutter öfters weinen sehen. Wenn ich sie fragte, was der Grund sei, meinte sie nur, ach nichts. Bis heute weiß ich nicht, ob es aus Angst um Papa war oder ob sie über frühere Zeiten nachdachte, in denen sie es oft sehr schwer gehabt hat. Über ganz persönliche Dinge haben wir nie gesprochen, das hat sich einfach nicht gehört und nachfragen kann ich eigentlich bis heute nicht, weil ich immer noch meine, das wäre ungehörig.

Anfang der 1930er Jahre, also um die Zeit der Machtergreifung durch Hitler 1933, hat Papa sich bei einer Arbeitsberatungsstelle gemeldet, weil ihm die schwere Arbeit im Weinkeller bei Kathreiner gesundheitlich zu sehr geschadet hat. Dort hat man ihm geraten, doch in die Nationalsozialistische Partei (NSDAP) einzutreten, dann würde er gleich eine Stelle als Portier in einem Ministerium oder Ähnliches bekommen. Er hat aber immer gesagt, er würde niemals in die Nazi-Partei eintreten, schließlich war er ja Sozialdemokrat. Er ist dann doch bei Kathreiner geblieben, weil er eine leichtere Arbeit an der Rampe bekommen hat.

Eines Tages, als er 1944 nach einem schweren Fliegerangriff nach Hause kam, fiel ihm kurz vor unserem Hauseingang ein großes scharfes Blechstück genau auf den Kopf. Er hatte eine große Platzwunde die von Doktor Held geklammert wurde. Das war zum Glück die einzige Verletzung, die mein Vater im Zweiten Weltkrieg davongetragen hat.

1945 ist er bei Kathreiner in Rente gegangen.

In jenen Jahren ist Papa öfters zu seinem jüngsten Halbbruder Xaver in die Au zum Schnupfen hinunter gegangen. Meine Mutter hatte es nicht gern, wenn er daheim schnupfte, weil sie die dazu benützten Taschentücher so ekelig fand. Später hat er schon manchmal daheim geschnupft, aber dann das Taschentuch selber am Ausguß ausgewaschen.
Übrigens war der schnupfende Onkel Xaver der Großvater von Rosi Mittermaier, der »Gold-Rosi« wie man sie heute nennt. Bei der Winterolympiade 1976 in Innsbruck war sie der absolute Star in den Alpinen Skirennen, weil sie zwei Gold- und eine Silbermedaille gewonnen hat. Nun ist sie schon seit Jahren in Garmisch-Partenkirchen verheiratet.
Bei Onkel Xaver in der Edlingerstraße in der Au sind sechs oder sieben Kinder herumgekugelt und eines davon war Rosis Mutter, also meine Cousine, die später nach Reit im Winkel geheiratet hat.

# Meine Mutter Barbara Stein, geb. Bischoff (1884-1949)

Mama wurde 1884 in Leonhardsbuch bei Oberallershausen geboren. Ihre Vorfahren stammten aus der Pfalz; bei der umfangreichen Ahnenforschung, die ich vor Jahren betrieben habe, bin ich im evangelischen Kirchenbuch von Oberotterbach, im Grenzgebiet zwischen Elsaß und Pfalz, auf einen Nachweis der Familie von 1809 gestoßen. 1827 ist die Seite der Urgroßmutter, die Familie Aal, mit der ganzen Sippschaft aus wirtschaftlichen Gründen nach Oberallershausen bei Freising gezogen.

*Barbara Stein, geb. Bischoff, etwa 1902*

Meine Mutter ist in München-Perlach aufgewachsen. In Oberallershausen musste das Anwesen verkauft werden, weil es aus finanziellen Gründen nicht mehr zu halten war.

Sie ging in Perlach in eine einklassige Volksschule, also alle acht Klassen wurden zusammen unterrichtet. Da hat es oft, auch nur für Lappalien, Tatzen gegeben. Die Kinder mussten die Handfläche nach oben drehen und meist mehrere Schläge mit einem dünnen Rohrstock erdulden. Einmal sollte ein Achtklässler, ein großer kräftiger Bub, übers Knie gelegt werden, um mit einem dicken Rohrstock den Hintern versohlt zu kriegen. Der Lehrer hat es nicht geschafft den Buben allein festzuhalten und deshalb holte er den Pfarrer zu Hilfe. Jeder packte einen Arm des Buben um mit dem Schlagen anzufangen, der Bub jedoch riss sich los, schlug ganz fest gegen seine Peiniger und rannte nach Hause. Er hat dann das Schulhaus nie mehr betreten, weil sein Vater, einer der größten Bauern in Perlach, nicht zugelassen hat, dass sein Sohn in der Schule so behandelt wird.

Mama wurde 1898 in Perlach in der Kirche St. Paulus konfirmiert, der damals ältesten evangelischen Kirche in Oberbayern. Anschließend musste sie gleich zum Geldverdienen fort von daheim. Ihr Onkel war Pächter im »Fränkischen Hof« in der Senefelderstraße in München und da arbeitete Mama dann im Hotelbetrieb. Zusammen mit einem Zimmermädchen bewohnte sie eine kleine Kammer im Haus, bis sie mit dem Onkel nach Regensburg ging, der dort dann den »Zach-Bräu« am Arnulfplatz übernommen hat.

Von 1903 bis 1917 hat Mama im Winter im Zerwirkgewölbe – in München hinter dem Neuen Rathaus – gearbeitet. Im Sommer während der Wild-Schonzeit wurde nicht so viel Personal gebraucht. Die Öffnungszeiten ihrer Arbeitsstelle waren von 7 Uhr früh bis 19.30 Uhr abends und am Sonntag von 10 Uhr bis 12 Uhr.

Im Zerwirkgewölbe hat es zur Vesper um 10 Uhr in der Küche im 1. Stock einen Ranken Brot mit Butter und eine Tasse Tee gegeben. Mittags und abends gab es nichts und deshalb ist Mama während der Mittagspause in ein sogenanntes Auskochgeschäft gegangen. Das war ein kleiner Laden ohne viel Inventar, nur mit Klappbänken und einem länglichen Tisch, wo in der hinten liegenden Küche Suppen, Mehlspeisen und vielleicht manchmal Kartoffeln und Kraut gekocht wurden. Auch große Haferl Milchkaffee hat es gegeben, aber nichts Alkoholisches. Das war damals die einzige Möglichkeit für eine schlechtverdienende junge Verkäuferin, in der Münchner Innenstadt eine erschwingliche Mahlzeit zu bekommen.

Man kann sich gar nicht vorstellen, wie kalt es im Winter im Zerwirkgewölbe gewesen sein muss. Wegen des empfindlichen Wildfleisches konnte natürlich nicht geheizt werden und die Kassiererin, die nebenher immer mit dem Federhalter Rechnungen schrieb, hat nach dem Eintauchen in das Tintenfaß ständig an die Feder hauchen müssen, so dickflüssig war die Tinte durch die Kälte.

Zu Weihnachten gab es für die Angestellten ein 20-Mark-Goldstück, von denen die nette Chefin das Jahr über immer neue Stücke gesammelt hat, damit sie dann als Geschenk recht schön geglänzt haben.

Bald nach Kriegsbeginn 1914 ist von der Regierung möglichst viel Gold als »Opfer fürs Vaterland« gesammelt worden und so haben auch meine Eltern ihre Goldstücke hergegeben. Ebenso wurden Kupferpfannen, -modeln und -kannen eingesammelt. Mein Vater war aber während des Ersten Weltkrieges viel krank und hat daher kaum etwas verdient. Mama hatte also überhaupt keine Ersparnisse mehr und musste schließlich Vaters goldene Uhr ins Leihamt bringen. Sie sparte aber zum Glück bald, wenn auch sehr mühsam, wieder so viel Geld zusammen, dass sie das gute Stück auslösen konnte. Mein Vater besaß diese goldene Uhr schon als Unverheirateter und trug sie immer am Sonntag. Sie hing an einer Goldkette und steckte in seiner Westentasche.

Bis zu ihrer Hochzeit 1909, wohnte Mama zur Untermiete bei einer Polizeikommissar-Familie am Frauenplatz, im heutigen Bratwurstglöckl. Dort war sie wohlgelitten, aber recht zum Fürchten war es wohl schon, wenn sie bei Dunkelheit das steile finstere Treppenhaus in ihr Dachkammerl hinaufsteigen musste, wo sie dann eine Petroleumlampe hatte. Auch hat sie sicher recht darunter gelitten, dass sie meine Schwester Betty, die 1904 geboren wurde, nicht oft sehen konnte, weil sie bei der Verwandtschaft in der Au aufgewachsen ist. Dort hat etwa 1904 der Großvater die Fuhrhalterei in der Lilienstraße übernommen.

Im Sommer, während der Schonzeit fürs Wild, hat Mama in einem Wildbretgeschäft in der Amalienstraße in Schwabing gearbeitet. Dort hat mein Vater sie dann kennengelernt, weil er von seiner damaligen Arbeitsstelle in Sendling mit einem zweirädrigen Handwagen Geflügel in das Wildbretgeschäft geliefert hat.

Mama hat ihm wohl sofort gefallen, weil er ihr gleich eine sehr originelle Postkarte geschickt hat. Papa wusste nicht einmal ihren Namen, sondern nur die Anschrift ihrer Arbeitsstelle und schrieb auf die Vorderseite »An das Fräulein N.N.«. Auf der Rückseite der Karte ist ein lustiger Kasperlkopf abgebildet, weil mein Vater, mit seinem Vornamen Kaspar, diese Karte so passend fand. Ich habe sie bis heute aufbewahrt.

Er hatte damals seinen Stammtisch im Peterhof am Marienplatz – heute ist dort die Buchhandlung Hugendubel – und seine Tischgesellschaft, wie man das damals nannte, hat sich »Die Unverbesserlichen« genannt. Diese Gesellschaft besaß sogar einen eigenen ovalen Stempel!
Eines Tages hat er dort bei einem Treffen seine schöne junge Braut vorgestellt, die am Sonntag immer sehr fesche Hüte getragen hat. Im Gasthaus Peterhof gab es einen Automaten mit Drops und da hat sie sich gleich beim ersten Mal den Finger so eingezwickt, dass es ihr ganz schlecht wurde. Das war dann ihre besondere Art, wie sie die Bekanntschaft der Stammtischfreunde ihres zukünftigen Ehemannes gemacht hat.

Noch in der Stummfilmzeit war meine Mutter nebenher Kassiererin im »Ohlmüller«, dem Kino Ecke Frühling-/Ohlmüllerstraße. Auch im Isaria-Kino am Baldeplatz hat sie an der Kasse gearbeitet.
In den 1950er Jahren ist dort eine der ersten italienischen Eisdielen eröffnet worden und da kamen Leute von überall her um diesen Luxus zu genießen.
Einige Jahre hat Mama am Freitag und Samstag auch in einer Metzgerei als Kassiererin gearbeitet, die zur Wirtschaft Seerose in der Feilitzschstraße gehörte. Dort war der Wirt ein Onkel von ihr.

Meine Mutter war eine sehr gesellige junge Frau und so hatten meine Eltern viel Besuch. Sie hat mit ihrer wirklich schönen Stimme häufig gesungen, z.B. Volks- und Kunstlieder, wie etwa Lieder von Schubert, aber nie »Schmalzlieder«.
Wir hatten zwar kein einheitliches Geschirr, aber Mama war trotzdem immer sehr großzügig und hat alle bewirtet. Mein

Vater ist meistens still auf dem Kanapee gesessen und rauchte seine Pfeife. Bei Gesprächen der anderen hat er in sich hinein geschmunzelt. Wenn Mama dann gesagt hat:»Red' doch auch mal was, das schaut ja aus, als ob dir der Besuch nicht passen würde«, dann hat er geantwortet:»Wieso denn, ich bin doch ganz vergnügt.«

Im Winter hat man das Licht erst angezündet, bevor der Vater heimgekommen ist und die Mutter das Abendessen gerichtet hat. Vorher bin ich meistens mit ihr auf dem Sofa gesessen, dann hat sie die Ringe vom Herd zurückgeschoben, sodass die Flammen ein Muster an die Wand geworfen haben. Auch mochte ich sehr gern direkt in den Feuerschein hineinschauen. Das war dann die »Schusterweil«. Es war ein schönes Gefühl von Geborgenheit, Mama hat so manches erzählt und ich hab' gelauscht und an die Wand geschaut, wie da die Flammen spielen. Erst später hat man die Gaslampe angezündet, weil man ja immer sparen musste.
Um 9 Uhr abends oder spätestens um 10 Uhr war Ruhe im Haus. Vielleicht ist mal ein Nachzügler gekommen, der bei irgendeiner Veranstaltung war, aber es war ein ganz normales Gefühl, dass es nun spät ist und man ins Bett geht.

# Spielreviere

Das Schlittenfahren war für mich nicht sehr reizvoll, weil ich immer an Händen und Füßen gefroren habe. Unter dem Rock hing alles voller Schneeklumpen und bei jedem Hinfallen hat man neuen Schnee in die Unterkleidung bekommen.
Richtige Rodelschlitten waren etwas Rares. Für uns reichten die sogenannten »Goaßn«, das waren einfache Schlitten mit Metallkufen, die vorne hochgebogen waren und Rücken- und Armlehne waren höher als bei einem Rodel. Am Alpenplatz, wo heute die Alpenrosenstraße anfängt, war unser »Zauserbergerl«. Dort befand sich der Kramerladen Zauser und deshalb

haben wir das Bergerl so genannt. Links und rechts waren eingezäunte Wiesen und Trockenplätze für Wäschereien.
Dieses Zauserbergerl war nur eine kleine Bodenerhebung, für uns Kinder aber gerade recht als Schlittenbuckl. Statt des Zauserladens gibt es heute dort einen Waschsalon.

Wir haben drei besondere Spielplätze gehabt: den Bergsteig mit der Hefnerwiese, das Räubergassl und die Stoanawies'n am Nockherberg. Die Stoanawies'n war für viele Jahre ein Paradies für uns – heute steht dort ein Wohnblock.
Diese Wiese war zwischen Bahn und Salvatorkeller ziemlich erhöht und recht groß. Da sind alte Grabsteine herumgelegen, die wir zu Burgen und Schlössern erklärt haben. Haufenweise Gänse, Hühner und Ziegen sind herumgelaufen und inmitten der Steine haben wir so getan als hätten wir dort unsere Zimmer und Kaufläden. An Phantasie hat es uns Kindern nie gefehlt!
An der Ecke Edelweiß-/Emmeramstraße, der heutigen Bonifatiusstraße, befand sich der Gärtner Stöberl und daneben war ein Limonadenstandl. Die hohen Gläser mit den runden Vertiefungen waren gefüllt mit roter, grüner und gelber Limo, aber die hat es für mich nie gegeben. Meine Eltern haben immer gesagt, das sei ungesund und giftig und so war man als Kind damit zufrieden. Heute weiß ich natürlich, dass es die Sparsamkeit war wegen der es für mich keine Limo und keine Bonbons aus den schönen bauchigen »Guatlgläsern« gegeben hat. Überhaupt war es damals nicht so einfach einen Wunsch zu haben, denn meistens hieß es dann »in Nürnberg gibt's auch einen, der nicht alles hat«.

An der Nockherbergbrücke stand eine Bank, danach war ein Quergang in der Allee, dann kam die zweite Bank und am Bergerl das Aborthäusl und daneben die dritte Bank. Heute ist es das Rondell am Bergsteig, Ecke Aigner- und Alpenrosenstraße.
Die Banknummerierung war wichtig, denn wenn ich zum Spielen »auf die Gass'n« durfte, dann habe ich zu Mama gesagt, ich bin an der oder der Bank.

Wenn Krieg zwischen den Ober- und Untergiesinger Buben angefangen hat, dann haben sich die Lauser mit Zaunlatten und viel Geschrei dort am Bergerl bei der dritten Bank versammelt. Hat einer geschrien:»Jetzt komma's«, dann haben wir Mädchen uns verzogen.

Der dritte Spielplatz war das Räubergassl. Damals hieß der Park am Nockherberg noch Schmederer-Park. Dieser Schmederer war der Besitzer der Zacherl-Brauerei, und er hat dem Nationalmuseum in München eine beachtliche Krippensammlung vermacht. Er lebte zu meiner Kinderzeit schon nicht mehr, aber ich wusste, dass Herr Schmederer recht lange vorher bereits gelähmt war. Im Park stand eine Villa im Schweizerstil mit Fachwerk und einer großen erhöhten Terrasse. Auf dem Dach war ein Aussichtsturm aus Holz und Glas, von dem aus man sicher einen wunderbaren Blick über die ganze Stadt hatte und im Park gab es einen Teich mit schön geschwungenem Steg. Unterhalb einer Freitreppe war ein sogenanntes Rosenparterre angelegt und dann gab es noch Pavillons und verschlungene Wege. Am Ende zum Berg hin stand das Gärtnerhaus mit Stallung, also eine wunderbare Anlage.

Der Park war von der Hangkante durch eine Mauer getrennt und dieser schmale Weg zwischen Mauer und Hang war das Räubergassl. Es verlief in einer leichten Krümmung, sodass man das Ende nicht einsehen konnte. Das war unheimlich und verlockend zugleich.

Ein interessantes Spielrevier waren für uns auch die Holzschuppen der Herbergen und der Tagelöhner-Häuserln an der Nockherstraße. Die standen oben an der Hangkante und in diesen alten Holzhütten lebten in unserer Phantasie Räuber und Hexen und darüber waren wir Kinder uns ganz einig.

Am Bergsteig war also unser hauptsächliches Spielrevier und da machten wir Spiele wie»Schneider leih'ma d'Scher«,»Räuber und Gendarm«,»Engerl du bist schwer« oder»Wer fürchtet sich vor'm Schwarzen Mann?« Natürlich spielten wir oft »Fangamandl« und das genau so, wie man es bei heutigen Kindern sieht. Dann gab es noch einige Ball- und Reifenspiele, das Strickspringen, Drallern und das sehr beliebte Schussern.

Zum Schussern haben die Buben eine Vertiefung in die Erde gegraben und die ist dann mit der Ferse – fast alle waren wir im Sommer barfuß – rund und glatt gedrückt worden. Meistens hatte man einfache bunte Schusser besessen, hatte man jedoch einen Glasschusser, dann war man reich!

»Drallern« war ein Spiel für einzelne. Der Holzdraller wurde mit der Peitschenschnur eingewickelt, dann hat man die Schnur schnell abgezogen, sodass der Draller gelaufen ist. Das hat natürlich nur auf dem Straßenpflaster geklappt, aber das war damals kein Problem, weil es noch keinen Verkehr gab. Mit ständigen Peitschenschlägen hat man den Draller am Laufen gehalten und ihn, wenn man geschickt war, auch zum Springen gebracht.

Zum Hüpfspringen haben wir mit Kreide nummerierte Vierecke aufgemalt, längs, quer oder als Schnecke und die hat man abhüpfen müssen. Um die Sache schwieriger zu machen, hat man manchmal einen kleinen Stein auf einem Fuß balanciert. Wer ihn bis ans Ende auf dem Fuß behielt und auch richtig in das vorgezeichnete Häuserl gesprungen war, wurde zum Sieger erklärt bzw. meistens zur Siegerin!

Reigenspiele hat es gegeben, wenn mehr Kinder beieinander waren: »Machet hoch das Tor es kommt ein goldener Wagen«, »Dornröschen war ein schönes Kind«, »Schau nicht um der Fuchs geht rum«, »Ist die alte Hex' schon da«. Auch das haben wir alles mitten auf der Straße gespielt.

Sehr beliebt war der Steg über die Bahn zum Räubergassl. Damals war alles unvergittert, weil die Bahn noch keine elektrische Oberleitung hatte. Die Lokomotiven haben so richtig schön gequalmt und interessant nach Rauch gerochen. Das war vielleicht ein Gefühl, wenn so eine große Dampfwolke bis zum Steg an unsere Füße hochgestiegen ist!

Hier möchte ich etwas Lustiges einschieben, nämlich dass neulich in der Süddeutschen Zeitung vom 17. Februar 2003 unter der Rubrik »Mein Tipp« ein Vater schreibt, dass er mit seinen kleinen Buben als Wochenendvergnügen mit dem Auto in die Aignerstraße beim Nockherberg gefahren ist, um von der Holzbrücke auf die unter ihnen vorbeifahrenden Eisenbahnzüge schauen zu können. Die herrlichen Dampfwolken mussten sich die Kinder allerdings dazudenken, weil die heutigen Züge längst elektrifiziert sind.

Die Hefnerwiese – dort steht heute das Alfons-Heim – haben wir wenig benützt. Das war das Revier der »Hefner-Kinder«, das heißt, von denjenigen, die dort gewohnt haben. Jeder hat so sein eigenes Gäu gehabt.

## Bachauskehr

Zu einem besonderen Ereignis in der Sommerzeit gehörte im letzten Jahrhundert für viele Kinder und junge Leute auch die alljährliche Bachauskehr an der Bäckermühle im Auer Mühlbach.

Das war für uns Obergiesinger Kinder nicht so unser Gäu und deshalb habe ich persönlich diese wilde Fischerei nie erlebt. Doch Mitte der 1980er Jahre erzählte mir Johanna Berger, eine gute Bekannte aus dem Giesinger Geschichtskreis, so lustig und anschaulich über Untergiesing, dass ich so manches davon aufgeschrieben habe.

»Als Schulmädl in den 1920er Jahren ging ich in der Bäckermühle ein und aus, weil der damalige Direktor Sechter mein Onkel war.

Das riesige Gebäude wurde gegen Ende der 1970er Jahre abgerissen und ein paar Jahre später ein schwärzlich abweisender Bürokomplex dorthin gebaut und zwar direkt neben der Candid-Auffahrt. Nur das kleine Wasserkraftwerk am Mühlbach blieb erhalten, bzw. wurde wieder zu neuem Leben erweckt.

Bachauskehr war für mich immer besonders spannend. War der Bach abgelaufen, dann blieben noch viele kleine Laken

41

und beim Schaufelrad tiefere Gumpen übrig. Da war vielleicht was los!

Buben und Männer krempelten sich die Hosenbeine rauf und fingen die Koppen. Die kleinen gehörten den Buben, die zum Fangen ihre Mützen oder Taschentücher benützten und ihre Beute dann in ein Einmachglas leerten. Die Männer nahmen die größeren in Anspruch. Wenn sie die Steine aufhoben, lagen oft handtellergroße Koppen darunter und die erwischten sie ganz einfach mit einer großen Essgabel, die sie wie einen Spieß für die armen Fische verwendeten. Die landeten dann später in der Bratpfanne.

Für mich war das Spannendste bei der Bachauskehr das Aal-fangen aus den Gumpen. Dazu schnallte einer der Müllerbur-schen seinen Hosengürtel ganz fest zu. Erwischte er einen Aal, dann schob er ihn unters Hemd, direkt auf die nackte Haut. Hatte er zwei, dann kletterte er mit Hilfe einer Leiter aus dem gemauerten Bachbett und ließ die Aale über das aufgeknöpfte Hemd in ein Fass gleiten. Mir lief es dabei immer kalt über den Rücken.

Waren alle gefangen, kamen die Aale hinauf in die Wohnung meines Onkels und der Fassinhalt wurde in die mächtige Badewanne mit den schönen Löwenfüßen geleert. Dann spannte meine Tante eine Hängematte als Fischnetzersatz über die Wanne.

Aber, wie's halt so geht, hin und wieder kam so ein Aal trotz-dem aus und sauste laut klatschend auf dem Linoleumboden durch die Wohnung.

Das war jedesmal eine extra Gaudi, denn so ein glitschiges, wendiges schlangenartiges Tier mit den Händen zu fangen ist fast unmöglich.

Die kleinen Koppen, die als Beute für die Kinder übrig blie-ben, wurden meist als Hühnerfutter verwendet, denn zum Bra-ten waren sie »gar zu nixig«.

Auch die hübschen Neunäugerl lebten im Mühlbach, ob es die noch heute gibt, kann ich nicht sagen.

So eine Bachauskehr brachte aber nicht nur Freuden und herr-liche Aufregung mit sich, sondern auch zerschnittene und aufgekratzte Füße oder Zehen. Schließlich gab es im Bach nicht nur Fische, sondern einen Haufen Glasscherben und verrostetes Zeug aller Art. Aber es war halt trotz allem so schön!

Gegenüber der Bäckermühle stand die Bierwirtschaft »Zum Isartal«, mit einem kleinen Baum und etlichen Bänken vor dem Haus. Dorthin gingen Arbeiter aus der Bäckermühle oder Nachbarn aus der Loh zum Brotzeitmachen oder nach Feierabend. Ein Gast hatte im Hosensack immer eine kleine Schlange, wohl eine Blindschleiche oder Ringelnatter. Stand dann sein Masskrug auf dem Tisch, holte er sie aus der Hosentasche und steckte sie in sein Bier. Als »Bierkühler« über dem Schaum schwebte nun das Schlangenköpferl. Beim Trinken schaute sie bei dem Mann zwischen Krugrand und Gesicht hervor. Stellte er die Maß auf den Tisch zurück, dann glitt das Tierchen mit dem Bierpegel zurück und züngelte anschließend wieder nach oben an den Krugrand. Beim Austrinken spreizte sich die kleine Schlange quer, damit sie nicht herausrutschte. Bevor er die Wirtschaft verließ, steckte der Mann das Tierchen wieder in seinen Hosensack.

Und noch jemand wurde von den Gästen »Zum Isartal« gut gelitten. Das war der »Häpperer«, ein schöner weißer Geißbock. Der trieb sich immer zwischen den Gästen herum, bis jemand zu ihm sagte: »Wenn'st meckerst, dann kriag'st a Bier!« Meistens meckerte er sowieso und wenn man ihm den Krug hinhielt, dann schleckte er gierig den »Foam« und durfte auch das »Noagerl« austrinken.«

Johanna Berger stammte übrigens aus einer alten Giesinger Familie, dem »Dreimäderl-Haus«, der Hof- und Wagenschmiede Ecke Tegernseer Land- und Weinbauernstraße, die schon 1913 abgerissen wurde.

# Ärmel wie Ofenrohre

Wenn ich die heutigen Kinder mit ihrer hübschen und praktischen Kleidung sehe, muss ich daran denken wie schmucklos und unbequem unsere Kleidung war. Als Unterkleid hatten wir ein Leinenträgerhemd und ein Leibchen mit Lochgummi, in den die langen Strümpfe eingeknöpft wurden. Die waren handgestrickt, aus Schafwolle und haben natürlich narrisch gekratzt. Statt heutiger Unterhose hatten wir Mädchen eine im Schritt offene weiße Stoffhose an, mit Spitzenrand am Knie. Das Unterröckchen und das Winterkleid – lange Hosen hat es für Mädchen nicht gegeben – waren aus dunklem kräftigem Stoff, meistens von einem alten Anzug unseres Vaters, der gewendet zu einem Kinderkleid wurde. Jeder besaß damals ein Werktags- und ein Sonntagsgewand, wie man es nannte. Eine Schürze wurde immer getragen, auch in der Schule, und in der Schürzentasche hatten wir Kinder meist das Pausebrot und ein Taschentuch. Mein Mantel war schwer und die Ärmel waren steif wie Ofenrohre. Damit man mit dem Kleiderärmel überhaupt in den engen Mantel gekommen ist, hat man ein Stück Schnur (Spagat) um den Unterarm gewickelt und die Enden festgehalten. War man im Ärmel, hat man diesen Spagat vorne herausgezogen und der innere Ärmel war dann schön glatt.

Diese steife Kleidung hat miserabel schlecht gewärmt, auch die schwarzen Lederstiefelchen mit Haken und Ösen waren nicht kältetauglich. Nur die Samthaube, die den ganzen Kopf umschlossen hat und unter dem Kinn gebunden wurde, war schön warm, dafür hat aber das Seidenfutter bei jeder Bewegung geraschelt und das war sehr störend.

Die Unterwäsche wurde einmal in der Woche gewechselt, auch die Strümpfe, die recht dick waren und deshalb lange gebraucht haben bis sie getrocknet sind. Man besaß eben alles nur zum ein Mal wechseln, aber trotzdem waren wir immer gut gepflegte Kinder.

*Familie Stein 1928*

Das mit der ständigen Duscherei ist heutzutage meiner Meinung nach schon recht übertrieben. Allerdings könnte ich mir vorstellen, dass die Luft zu meiner Jugendzeit viel sauberer war, einmal weil es kaum Verkehr gab und zum anderen die Umweltverschmutzung insgesamt viel geringer war.

Wir haben uns mit Kernseife gewaschen, wie man sie auch zum Wäschebürsten hergenommen hat. Schmierseife war zum Putzen da. An die schöne Schachtel mit der roten Zeichnung einer griechischen Figur kann ich mich erinnern, die »Kaiserborax« in Pulverform enthielt. Ich glaube das war zum Haarewaschen. Zum Zähneputzen gab es Schlemmkreide oder einfach Holzasche in einer flachen Schachtel. Da hat man die feuchte Zahnbürste hineingedrückt, sodass genügend zum Zähneputzen hängengeblieben ist. Toiletteseife hat es vielleicht für die Mutter an Weihnachten ein Stück gegeben. Übrigens hat man früher allgemein gesagt, man muss noch »Toilette machen«, wenn man sich zum Fortgehen herrichten wollte. Das hatte gar nichts mit der heutigen Klo-Toilette zu tun.

Anfang der 1920er Jahre ist mein Vetter Konrad als etwa Dreizehnjähriger aus Lindau zu Besuch zu uns gekommen. Meine Eltern wollten Konrad am Bahnhof abholen, haben ihn aber verfehlt und sind unverrichteter Dinge wieder nach Hause gefahren. Dann läutet es und ein Polizist aus dem Revier kommt um zu sagen, dass ein Bub aus Lindau bei der Polizeiwache wartet. Dieser Polizist brauchte die Bestätigung von meinen Eltern, dass der Bub die Wahrheit sagt, wenn er in die Edelweißstraße will. Während der Wartezeit in der Wache hat Konrad durch so ein hohes Oberlichtfenster immer nur die »Trambahn-Stangerl« vorbeiziehen sehen, die damals als Oberleitung dienten. Er war davon so fasziniert, dass ihn Mama in den 10 Tagen seines Besuches immer in die Ringlinie 12 am Ostfriedhof gesetzt hat. Er bekam einen Fahrschein, stellte sich neben den Fahrer und hat ihm stundenlang bei seinen Tätigkeiten zugeschaut. Besonders das Knopfdrücken mit dem Fuß für die Außenglocke hat ihm imponiert. Auch der Schaffner des Wagens war interessant, wie er mit seiner umgehängten Geldtasche kassiert und vom Block die Fahrscheine abgerissen hat. Zum Abläuten, also das Kommando zum

Weiterfahren, hatte der Schaffner eine Schnur, die in der Länge des Wagens oben an der Decke hing. Seine Aufgabe war auch die Stationen auszurufen und das Plattformgitter zu öffnen und dann wieder zuverlässig zu schließen.

Konrad hat in Lindau gewohnt, weil sein Vater in Aeschach ein Flaschenbier-Depot betrieb. Es wurden aus großen Fässern die Flaschen abgefüllt, sodass die Kunden sich dort das Bier abholen konnten oder meine Tante hat mit einem Handwagen die entsprechenden Bestellungen an Privathäuser ausgeliefert. Da es in jener Zeit in den Lebensmittelgeschäften kein Bier gab, haben es sich die Leute in Krügen offen in einer Schankwirtschaft geholt oder eben in Flaschen abgefüllt im Bierdepot.

Kurz nach seinem Münchenbesuch ist Konrad dann in Lindau in eine Brauereilehre gekommen. Als er diese als »Braubursch« abgeschlossen hatte, fand er eine Stelle bei der Löwenbrauerei am Stiglmaierplatz in München. 1927 bekam er über seinen dortigen Chef das Angebot, als Brauer nach Venezuela zu gehen. Er war mutig genug um sich auf dieses völlig andersartige Leben einzulassen. Gleich zu Beginn erfuhr er, wie aufwendig es war, das Süsswasser zum Bierbrauen mit Schiffen vom Oberlauf des Orinoco bis nach Caracas zu transportieren. Noch dazu befand sich diese Wasserstelle in einem Eingeborenenreservat, wo Konrad zu spüren bekam, wie unerwünscht er dort als fremder Weißer war. Nicht alle solche »Eindringlinge« kamen unversehrt nach Hause zurück. Nicht nur durch die einheimische Bevölkerung, sondern auch durch vielerlei Gefahren, die in der Natur lauerten, waren sie dort stark gefährdet.
Später kam Konrad nochmals für zwei Jahre nach Deutschland, um auf einer Brauschule bei Gauting die Prüfung zum Braumeister abzulegen.

Während des Dritten Reiches in Venezuela hat es Konrad immer wieder zu spüren bekommen, dass er mit einer Venezolanerin verheiratet war. Er war wütend über die ewige

Sammlerei fürs Winterhilfswerk, die damals selbst in der deutschen Kolonie in Caracas statt fand. Er hat seine Meinung immer lautstark kundgetan und daraufhin wurde doch tatsächlich sein offenes Auto eines Tages in Caracas total mit Öl verschmiert.

Ein Bruder von Konrad lebte in der Schweiz und wollte Anfang des Zweiten Weltkriegs mal in Lindau seine Eltern besuchen. Dabei wurde er an der deutschen Reichsgrenze geschnappt und verhört, weil man ihn für seinen Bruder aus Venezuela hielt. Da hatte wohl die Gestapo selbst bei den Deutschen in Venezuela ihre Finger im Spiel.

Konrad war ein Mensch, der eisern gespart hat, kam in Venezuela zu beträchtlichem Wohlstand und konnte seine sechs Kinder alle gut ausbilden lassen.

Zwei von ihnen haben nach Deutschland »zurückgeheiratet« und leben – inzwischen selbst schon mit Enkeln – in der Pasinger und Oberföhringer Gegend.

Mein Vetter Konrad – er ist 96 Jahre im März 2003 geworden – kam bis 1997/98 über die Jahrzehnte ganz regelmäßig nach München zu Besuch. Nun ist ihm die weite Reise von Venezuela nach Deutschland zu beschwerlich geworden, sodass ich mit ihm nur noch Brief- oder Telefonkontakt habe.

In all den Jahren seiner sommerlichen Besuche in München, war immer sein erster Gang zum Salvatorkeller, bei uns sozusagen gleich um die Ecke.

Als Braumeister war Konrad ein sehr kritischer Biertrinker, aber am Nockherberg hat er seine Maß sichtlich genossen. Sehr zufrieden, ohne viel zu reden, hat er die Vorübergehenden beobachtet oder den Tischnachbarn zugehört und auf diese Weise gleich so manches Neue über München erfahren.

Wenn wir uns dort verabredet haben, dann nannte man den Treffpunkt übrigens nicht im, sondern »auf dem Keller«. Das kommt daher, weil sich der Freiplatz vor dem Salettl genau über dem großen Lagerkeller mit den Bierfässern befindet.

Sein Sohn Mario überraschte mich kürzlich zu meinem 92. Geburtstag am 5. März 2003 mit einem sehr langem Telefongespräch aus Caracas.

Kondrads hier in der Gegend lebende Nachkommen besuche ich jedoch ab und zu, so das letzte Mal beim dritten Geburtstag meines kleinen Urgroßneffen. Der hat sich an seinem Ehrentag derartig überfuttert, dass alles, was er plötzlich von sich gab, sich über meinen Rock ergossen hat.

Am Bergsteig lief oft ein Aufseher herum, ein von der Stadt beauftragter Pensionist mit Schildmütze und Hacklstecken. Wenn er auftauchte, haben wir uns gleich verzogen. Flog uns ein Ball über die Eisengitter in die Anlagen, mussten wir schauen, dass wir ihn ganz schnell wieder herausgeholt haben, denn wir hatten einen großen Respekt vor dem Aufseher. Die Anlagen hatten schöne Gitter, etwa einen Meter hoch, aus grün gestrichenen Eisenstäben. Diese waren durch Schnörkel unterbrochen, die wiederum als Abschluss in Bögen ausliefen. Diese Umfriedung hat beinahe wie eine filigrane Bordüre ausgeschaut. Das Gras innerhalb war immer wie geputzt, weil man es ja nicht betreten durfte.

Wenn wir uns richtig austoben oder rennen wollten, dann gab es dafür viele wilde Wiesen oder richtige Spielplätze, etwa am Schyrenplatz, am Gänsebacherl – dem heutigen Entenweiher – hinter der Agilolfingerschule oder am Walchenseeplatz. Dort war damals schon eine große Wiese mit hohem Drahtzaun ringsherum, für Deutschball, Völkerball oder sonstige Ballspiele in der Gruppe.

Manchmal sind wir auch mit der Schule zum Gänsebacherl hinuntergegangen und haben dort barfuß herumgeplanscht. Am Schyrenplatz war damals ein Schulsportplatz, der heute zum Schwimmbad gehört. An der Rückseite des Rosengartengebäudes befand sich die Rast- und Umkleidegelegenheit. Vor dem Eingang war die Giesinger Heuwaage mit einem Uhrtürmchen auf dem Dach. Wenn bei jemand die Uhr nicht richtig gegangen ist, hat man damals gesagt, bei dem geht die Uhr nach der »Giasinga Heiwoog«. Ein Pilsstüberl dieses Namens gibt es heute noch an der Ecke Pilgersheimer-/Humboldtstraße. Auf den Straßen hat man oft Rollfuhrwerke gesehen. Das waren Spediteure, die Kisten und sonstige Güter von der Bahn an den Empfänger lieferten.»Druckerlader« waren die Männer, die den Wagen abgeladen haben. Das Fuhrwerk war ein offener»Brückenwagen« mit einem erhöhten Längsbalken, über den bei Regen eine Plane gezogen wurde, die sonst hinter dem Bock zusammengeschoben war. Das hat dann ausgeschaut wie ein längliches Zelt. Die jeweils zwei vorgespannten Pferde waren den ganzen Tag unterwegs. Zwischendurch wurde an einer geschützten Stelle gehalten und den Gäulen ein fester Leinensack umgebunden, der mit Hafer gefüllt war. Einen Eimer voll Wasser aus einem der Bäche haben sie meistens auch bekommen. Im Winter, wenn die Pferde länger stehen mussten, wurde ihnen eine große Decke über den Rücken geworfen.

Im Sommer war bei uns Kindern der Eiswagen sehr beliebt, der das Stangeneis aus der»Eisfabrik« am Nockherberg an die Wirtschaften geliefert hat. Das Eis wurde dort an einem riesigen Balkengestell im Winter bei starkem Frost immer dicker und zwar durch das Wasser, welches über Wochen aus Schläuchen über das Gestell lief.

Schließlich gab es damals noch keine Eisschränke oder Kühltruhen. Übrigens besitze ich selbst bis heute keinen Kühlschrank und habe ihn auch nie vermisst, weil ich eine»Speis« mit Fensterchen nach Norden habe. Außerdem hält es mich recht gelenkig, wenn ich jeden Tag mindestens einmal die drei Stockwerke von meiner Wohnung hinunter gehe, um etwas zu erledigen, wie etwa die Lebensmittel zu kaufen, die frisch sein sollten.

Doch zurück zum Eiswagen. Dessen Kasten war rot-weiß gestrichen und die Sitzbank hatte ein Holzdacherl. Wenn die Männer die Türen dieses großen Kastens öffneten und mit Haken lange rechteckige Eisstangen herauszogen, dann haben wir schon gelauert. Mit einem groben Sack als Unterlage haben sie sich die Stangen über die Schulter gelegt und dabei oder beim Hinunterrutschen in den Bierkeller ist öfters mal ein Stückchen Eis abgebrochen. Dann haben wir den Brocken schnell aufgehoben und ihn mit Hingabe gelutscht, so wie man im Winter eben Eiszapfen geschleckt hat.

Ist im Sommer zur Straßenreinigung der gelbe Spritzwagen gekommen, eines der verschiedenen Pferdefuhrwerke, dann sind immer einige barfüßige Kinder hinterher gelaufen und haben die Füße unter die Querstange am Ende des Wagens gehalten. Auf der ganzen Breite ist das Wasser aus der durchlöcherten Stange in feinem Strahl herausgespritzt. Das war ein Erlebnis, das wir mit begeistertem Geschrei begleitet haben.

Zur Müllabfuhr hat es noch bis zum Zweiten Weltkrieg diese Tonnenwagen gegeben, die von schweren Belgischen Pferden halb getragen und halb gezogen wurden. Diese zweirädrigen Karren hatten einen Sattel und an den Seitenschlaufen waren die Wagendeichseln eingeschoben. Der Wagen schaute etwa wie eine große Truhe mit schrägem Dach aus, das nach beiden Seiten aufklappbar war. Rechts und links waren je zwei Deckel damit mehrere Tonnenmänner gleichzeitig arbeiten konnten. Sie haben die Tonnen mit durchgeschobenen Stangen an den Wagen herangetragen und den Inhalt durch die aufgeschlagene Luke hineingekippt. Die Pferde haben meistens von ganz allein an den verschiedenen Hofeinfahrten gehalten.

Die Straßenkehrer hatten einen tonnenähnlichen Behälter, der in einem zweirädrigen Eisengestell mit hohem Bügel hing. Dieser Bügel wurde mit dem Besen untergefasst und so wurde der Behälter geschoben. Drückte der Straßenkehrer den Bügel hinunter, dann war das andere Ende eine breite Auffangschaufel, auf die das Zusammengekehrte geschoben wurde. Beim Hochschieben des Bügels fiel der Kehricht in die Tonne. Am Kehrbesen war am Stielende ein kleiner Schaber, um festgetretenen Schmutz loszukratzen und um auch die Hundehäuferl in die Tonne zu befördern.

Noch längere Zeit nach dem Ersten Weltkrieg ging der Laternenanzünder im Herbst und Winter durch die Straßen, seine lange Stange geschultert. An jeder Gaslaterne hat er den Gashebel hochgeschoben, den Anzünder am Ende der Stange aufgesteckt und schon hat die Laterne gebrannt. Vor Tagesanbruch ist er die gleiche Runde wieder gegangen und hat die Laternen gelöscht.

Ich erinnere mich besonders gerne an die Gaslaterne Ecke Gietl-/Aignerstraße, neben einem der Feldmüllerhäuserln, weil die im Herbstnebel so schön gelblich zart geleuchtet hat.

Am Südtiroler Platz in Harlaching waren zum Hohen Weg hin weder Straßen noch Häuser. Am Hang oben stand der Stadel vom Schäfer Johansen. Das war einer wie er im Bilderbuch steht, mit langem Vollbart, einem grauen Pelerinenmantel und mit breitkrempigem Hut. Wir sind einmal in der Woche dorthin spaziert um seinen Hunden alle möglichen Essensreste zu bringen. Normalerweise haben die nur Bruchhafer gekriegt, der in Wasser gekocht war.

Oft sind wir auf der Schäferkarren-Deichsel gesessen und haben zugehört, was der Johansen so erzählt hat aus seinem Wanderleben. Im Stadel hat er die Herde nur überwintert und das übrige Jahr war er unterwegs.

In seinem Karren hatte er eine schmale Liegestatt, einige Haken an der Wand für die Kleider und einen kleinen eisernen Ofen zum Kochen. In einer Ecke standen noch Säcke mit Salz für die Schafe und Hafer für die Hunde.

So manchen Abend haben wir da oben an der Schafweide verbracht und in der Erinnerung erscheinen mir die Besuche beim Schäfer in Harlaching wie aus fernen friedvollen Jahren. Und doch war es in Wirklichkeit eine karge und sehr notvolle Zeit.

# Brausebad in der Schule

Meine Schule war die Pfarrhofschule, die heute Ichoschule heißt. Sie wurde 1918 – zur Zeit meiner Einschulung – in einem sehr schönen Baustil erstellt. Nach den verheerenden Bombenschäden im Zweiten Weltkrieg ist sie längst nicht mehr so schön aufgebaut worden.

Im Keller war das Brausebad – eine tolle Sache für uns, weil damals fast niemand ein Bad hatte. Die Mädchen mussten Höschen anhaben oder – wenn vorhanden – im Badeanzug antreten, obwohl wir natürlich völlig getrennt von den Buben waren. Der rot gefliese Boden war wie eine flache riesige Wanne, mit einer Wasserleitung obenherum montiert, die viele Öffnungen hatte und so konnten fast alle Mädchen gleichzeitig die Dusche genießen.

Auch Schuluntersuchungen hat es nach dem Ersten Weltkrieg schon gegeben. Ich hatte einen »sehr grazilen Knochenbau« und deswegen gab es für mich pro Tag eine Milchzuteilung von 1/8-Liter. Dieses bisschen Milch hat Mama jeweils in einem Schüsselchen etwas stehen lassen, dann den Rahm abgeschöpft und mit der Gabel so lange geschlagen, bis eine winzige Kugel Butter daraus wurde. Die bekam ich dann aufs Brot.

In den Hungerjahren nach dem Ersten Weltkrieg bekamen magere zarte Kinder später auch die Quäkerspeisung. Mittwoch- und Samstagnachmittag wurde in der Schule ein Essen ausgeteilt. Das war meistens lediglich Kakao mit einer großen Semmel oder nur warme Milch mit Semmel, selten weiße Bohnen mit Speck oder Nudeln in Milch und manchmal sogar Rohrnudeln.

Einmal sind wir zu dünnen Schüler, die dann vielleicht schon ein bisschen dicker waren, mit den Quäker-Damen zusammen auf der großen Freitreppe im Hof fotografiert worden. Heute frage ich mich, in welchen amerikanischen Archiven die Fotos von den halbverhungerten Giesinger Kindern wohl lagern mögen.

Ich kann mich noch genau erinnern, dass ich für die Quäkerspeisung ein graues Emailschüsserl bekommen habe. Wir mussten unsere Portionen aufessen und durften nichts mit heim nehmen.

Fräulein Häusele war einige Jahre meine Lehrerin und von der bekam ich ab und zu ein Fleißbildchen. Das war eine richtige Kostbarkeit und wenn man so ein Bildchen angehaucht hat, dann hat es sich ganz zart durchsichtig aufgerollt.

Schule hatten wir von 8 Uhr bis 12 Uhr und von 2 Uhr bis 4 Uhr. Mittwochs und samstags war nur vormittags Unterricht. Zuerst hatten wir zum Schreiben nur die Schiefertafel, auch für die Hausaufgaben, die wir meistens zusätzlich zum Nachmittagsunterricht machen mussten.

Als wir später Hefte hatten, wurde mit Bleistift geschrieben und dann mit Federhalter und Tintenfass. Kugelschreiber und Füller mit Patronen hat es erst lang nach dem Zweiten Weltkrieg gegeben.

Für die Hausaufgaben war unser Arbeitsplatz der Küchentisch, aber nicht abends, weil da das Licht zu schwach war.

Als Pausebrot hat mir Mama ein Stück trockenes Hausbrot und einen Apfel mitgegeben.

In den Hungerjahren ab 1917 hat es zum Frühstück glitschiges Schwarzbrot, Rollgerste und rotgefärbte, schlecht schmeckende Marmelade gegeben, die Rote-Rüben-Geschmack hatte. Nur ganz selten hat man mal Kunsthonig ergattert.

Zum Trinken hatten wir in der Früh entweder Magermilch oder Kathreiner Malzkaffee und auch Eichelkaffee, gesammelt an der Eierwiese in Grünwald. Die Eicheln haben wir daheim geröstet und selber in der Handkaffeemühle gemahlen.

Als Hauptmahlzeit gab es vor allem Dotschen, die etwas scharf schmeckenden Rüben. Auch nach dem Zweiten Weltkrieg mussten wir diese wieder erleben.

Als ein Winter nach dem Ersten Weltkrieg besonders kalt war und es fast gar nichts mehr zu essen gegeben hat, sprach man vom »Dotschenwinter« und der blieb dann für lange Zeit ein Schreckgespenst.

So um 1918 hat uns mein Onkel Schorsch aus Amerika gesalzene Speckseiten geschickt. Die waren nach der langen Reise zwar schon ganz grünlich, aber immerhin konnten wir uns einen Topf voll Fett damit auslassen. Wir hatten damals wegen des Ersten Weltkrieges noch keinen Kontakt zum Onkel selbst, er konnte aber über das Rote Kreuz schon Pakete schicken. Es war in Amerika offensichtlich bekannt, dass es bei uns in Deutschland viele Hungerleidende gab. In meiner Sammlung befinden sich noch einige Postkarten von Onkel Schorsch (geb. 1879) aus späteren Jahren, z.b. aus Stanton in Nebraska. Er war ein interessanter und unternehmerischer Mann, aber auch vom Schicksal gebeutelt, weil 1913 seine Mutter und seine Braut kurz hintereinander starben. Nach diesen traurigen Ereignissen verließ er Deutschland Hals über Kopf und schiffte sich in Bremerhaven nach Amerika ein. Bereits 1906 ist er schon mal richtig zur See gefahren und zwar als Steward auf dem Dampfer »Prinz Heinrich«, damals wohl auf der Fahrt ins Asiatische Meer.

In USA arbeitete Onkel Schorsch zuerst als Metzger in einer Großfleischerei. Er merkte aber bald, dass er die ewig gleiche Bewegung am Fließband – nämlich Schnitte machen am Rinder- oder Schweinekörper – nicht lange durchhalten würde. Er ging also in den Mittleren Westen zum Arbeiten auf Farmen und hatte dort so viel Freizeit, dass er ausgiebig auf die Jagd gehen konnte. Mit den Fellen verschiedener Tierarten hat er im Laufe der Jahre ein richtiges Vermögen erworben und hätte mit einigen jungen Frauen gute Partien machen können. Der Onkel hatte aber wohl Heimweh und ist 1923 oder 1924, jedenfalls nach der Inflation, unverheiratet nach München zurückgekommen. Da er schon 1906 bei seiner Schifffahrt als Steward angefangen hat, asiatische und andere Antiquitäten zu sammeln, konnte er in der Neureutherstraße in Schwabing ein Antiquitätengeschäft eröffnen.
In dieser Zeit erfuhr ich viel aus seinem vergangenen amerikanischen Leben, so auch über Tornados, die so gewütet haben, dass sie ganze Ställe mitsamt den Tieren hochgewirbelt und

Kilometer weiter wieder abgesetzt haben. So bildhaft hat
Onkel Schorsch das beschrieben, dass ich es heute – also fast
80 Jahre später – noch genau vor mir sehe.
Bald nach seiner Rückkehr nach München heiratete er eine
nette Witwe mit zwei Kindern und bekam noch einen Sohn,
der mongoloid war. Um den muss er sich zeitlebens ganz rüh-
rend gekümmert haben.

Nun noch mal zurück zu meiner Schulzeit in der Pfarrhof-
schule.
Durch ihre günstige Lage war man nach der Schule immer
gleich im Giesinger Leben. Manchmal bin ich in den Hof des
»Schweizerwirt« gegangen und dann mit einer Schulkamera-
din auf der Heubodenstiege gesessen. Da hat es so gut nach
Heu und Stall gerochen!
Im Hof standen die »Gäuwagerl«, mit einem Bock, zwei Sitzen
und einer kleinen Ladefläche. Damit wurden die bäuerlichen
Erzeugnisse aus dem Umland mit ganz echten Pferdestärken
nach München transportiert.
Auch wurden im Hof Pferde eingestellt und gleich nebenan –
heute das Café Tela – befand sich eine Schmiede. Unter deren
Vordach wurden die Pferde beschlagen und hinten in der
Schmiede hat das Feuer hell geflackert, die Hammerschläge
auf dem Amboss waren weithin zu hören und alles hat nach
versengtem Horn gerochen. Vor lauter Schauen bin ich natürlich öfters zu spät heimgekommen, aber meine Mutter hatte
meistens schon Verständnis, dass ich bei so viel Interessantem
nicht einfach schnell vorbeigehen konnte.

Der Hof des »Schweizerwirt« wurde nach dem Zweiten Weltkrieg als Hundemarkt benützt. Das klingt vielleicht seltsam,
aber es war tatsächlich so, dass dort ein reger Handel mit Hunden betrieben wurde. Damals gab es noch kein Tierheim und
auch nicht so viele Züchtereien, sodass sicher zahlreiche Zam-
perl aller Art ein gutes Zuhause in Giesing oder Harlaching
gefunden haben.

Übrigens war der »Schweizerwirt«, gegründet 1640, die älteste Giesinger Wirtschaft. 1962 musste er dem Bau des Kaufhauses Kepa – heute Karstadt – weichen.

Hinter dem »Schweizerwirt« in der Unteren Grasstraße 28 – also in der Feldmüllersiedlung – war der Konditor Stegmüller. Zwar war der Laden klein, aber dort hat es die besten Mohrenköpfe, die schönste Girafftorte und ähnliche herrliche Sachen gegeben. Da bin ich oft einfach nur so vor dem Schaufenster gestanden und habe vor mich hingeträumt. Nur ganz selten und nur an ganz besonderen Tagen wurde ich geschickt um von dort etwas heimzuholen zum Kaffee.

# Einkauf beim Kramer

Jede Woche am Freitag bekam mein Vater seinen Lohn bar ausbezahlt und dann konnten wir zum Kramer Metzger Einkaufen gehen. Der hatte seinen Laden in der Emmeram -, heute Bonifatiusstraße, und das war ein richtiger Kramerladen, aber keine Metzgerei. Nur der Name des Besitzers war eben Metzger.

Noch heute sehe ich ihn vor mir, mit seiner Kappe auf dem Kopf und einem Schaber umgebunden, wie man die dunkelblaue Schürze nannte. Dort hat es alles für den täglichen Bedarf gegeben. Ich wurde öfters geschickt um offene Makkaroni zu holen und vielleicht ein Viertelpfund Kaffee. Der Kramer – also der Herr Metzger – hatte eine schöne Messingwaage mit einem kleinen Messingreif an der Seite, in die man die Spitztüten gesteckt hat. Auf der anderen Seite waren die Gewichte und vorne ein Zeiger, der das Gewicht angezeigt hat.

Fast alles hat es offen gegeben, auch Salz, Reis, Zucker, Mehl usw. in großen Schubladen und in jeder lag die entsprechende Schaufel. Für Essig und Öl hat man Flaschen mitgebracht und das Salatöl wurde vom Kramer aus einer hohen Glasröhre abgezapft. An der befand sich eine Skala und ganz unten ein kleiner Hahn, an dem ein Auffangschüsselchen für die Tropfen hing. Es wurde eben nie etwas vergeudet und es fiel auch selten Abfall an, weil man alle Behältnisse immer wieder verwendet hat.

Eine Vorratshaltung gab es damals eigentlich nicht. Nur das Selbsteingemachte waren Vorräte, wie etwa Kürbisse, Gurken oder selbst eingestampftes Kraut in Steintöpfen.

Meistens konnte man sich nicht mehr leisten als mit dem Lohn einmal in der Woche so viel Vorräte zu kaufen, dass es für die nächste Woche gereicht hat.

Schließlich hat es keine Kühlschränke gegeben, sodass man frische Lebensmittel in ganz kleinen Mengen fast täglich gekauft hat.

An manche reiche Leute oder an Wirtschaften kann ich mich schon erinnern, die Kühlschränke hatten, aber keine elektrischen, sondern solche mit Behältern mit zerkleinertem Stangeneis.

Eine große Auswahl an Würsten hat es in der Metzgerei nicht gegeben, aber immerhin schwarze Speckwurst, Regensburger, Wiener, Pfälzer oder schwarzen und weißen Preßsack. Man konnte sowieso nicht immer das kaufen, auf was man gerade Lust hatte, sondern man musste nach Billigem Ausschau halten. Richtiges Fleisch hat es bei uns höchstens einmal die Woche gegeben – ich denke dabei nicht an die Hungerjahre in der Kriegs- und Nachkriegszeit, sondern an ganz normale Jahre – und da haben wir meistens zwei »Vierling« gekauft, also ein halbes Pfund (heute 250 Gramm). Sonst gab es Wirsing oder Blaukraut mit Kartoffeln oder Endiviensalat mit Kartoffelsalat oder Nudeln oder Reis als Mittagessen.

Am Sonntag zum Braten hat man selber Kartoffelknödel aus rohen Kartoffeln gerieben.

Zum Abendessen hatten wir oft abgeröstete Knödel oder Bratkartoffeln, auch Reiberdatschi (Kartoffelpuffer), süße Kartoffelmaultaschen oder Rohrnudeln und Dampfnudeln mit Vanillesoße. Linsen mit Kraut war eher ein Essen für den Winter.

Der Höhepunkt einmal im Jahr war eine Gans, entweder an Kirchweih oder an Weihnachten.

Meine Mutter, meine Schwester und ich haben uns immer als evangelische Bürger in der Martin-Luther-Kirche am Giesinger Berg gut aufgehoben gefühlt und waren durch unseren Glauben vielleicht zufriedenere und anspruchslosere Menschen als viele andere. Wir haben es als etwas Besonderes empfunden, wenn es an Weihnachten als Geschenk Datteln, Feigen und Johannisbrot aus einem Südfrüchtegeschäft gegeben hat. Auch einige Spezialitäten aus dem Delikatessengeschäft Schöpf in der Edelweißstraße 2 haben uns richtig weihnachtlich gestimmt, so etwa die »Angelotti«, das war Aal in Marinade.

In meiner Kindheit war es ganz üblich, dass man zu Weihnachten lediglich gestrickte Socken oder Handschuhe gekriegt hat. Auch Schultüten oder Einladungen zu Kindergeburtstagen hat es nicht gegeben. Daheim wurde der Geburtstag schon mit einer kleinen Bescherung gefeiert, vielleicht mit etwas zum Anziehen oder mit einem Buch, was für mich – so lang ich denken kann – ein schönes Geschenk war, weil ich immer so gerne gelesen habe. Auch eine Fahrt mit der Straßenbahn nach Grünwald und eine Wanderung von dort ins Isartal – manchmal mit einer Einkehr in ein Café – war ein Anlass sich auf den Geburtstag zu freuen.

In der Unteren Grasstraße 1 hatte die »Gmüaszenzl« ihren Laden, die sich eigentlich Kreszenz Schedl nannte. Das war eine einmalige Erscheinung, groß und gewichtig ist sie mit ihrem Arbeitsschurz im Laden gesessen oder hat in den grünen Kisten herumhantiert.
Eine Respekt einflößende Frau war das, mit tiefer polternder Stimme, aber mit einem guten Herzen. Sie hatte als Hilfe das Fräulein Emilie, zwar einseitig gelähmt, aber immer sanft und freundlich. Emilie war hauptsächlich zum Obst abwiegen da.
Für Kartoffeln und Gemüse wurde man eher von der mächti-

gen Frau Schedl bedient. Außer diesem Gemüseladen hat es noch einige Läden gegeben, die nur ganz bestimmte Lebensmittel angeboten haben, so etwa Delikatessen nur im Delikatessengeschäft und im Milchladen nur Milchprodukte und Eier sowie Honig.

Die Milch ist offen ausgeschöpft worden, dafür gab es verschiedene Messschöpfer. Im Sommer konnte man »G'stöckelte« (Dickmilch) im Halbliter-Weidling kaufen. Das waren braune Tonschüsseln, ein irdenes Geschirr mit einem Draht umwickelt, damit die Tiegel auf dem heißen Herd nicht springen. Das waren sehr beliebte Töpfe bei uns, weil sich da nichts angesetzt hat. Zu der G'stöckelten hat es frische oder »g'röste« Kartoffeln oder einfach Hausbrot gegeben.

Als die Zeiten nach dem Ersten Weltkrieg wieder besser wurden, hat es beim Bäcker zwei Mal täglich frische Semmeln gegeben, dazu Zwei-, Drei- oder Vierpfundbrote, gewürzt mit Kümmel, Koriander oder Fenchel, die Unterseite gut mit Mehl bestäubt. Als Semmelarten fallen mir ein die glatten Semmeln, die Sternsemmeln, Kaisersemmeln oder Fiezerl, das waren zwei zusammengeschobene Semmeln. Außerdem gab's noch die »Maurerloabln« und die Rasperl, die länglich und glatt waren.

Etwas besonders Interessantes waren die »Warschauer«. Sie wurden aus alten Semmeln, Brezeln und Altbrot zu einem neuen Teig zusammengemischt, mit Rosinen und Gewürzen verfeinert zu langen schmalen Wecken geformt und zum Schluss mit Zuckerglasur versehen. Nach dem Backen lag der Warschauer auf einem langen Brett und um zehn Pfennig wurde einem ein dickes Stück davon abgeschnitten. Das hat nicht nur satt gemacht, sondern hat in meiner Erinnerung auch herrlich geschmeckt.

Der Kramer Zauser am Alpenplatz hatte ein besonderes Vielerlei an Waren – nicht nur verschiedene Lebensmittel, Bonbons in großen Gläsern und offenes Öl, sondern auch Petroleum und Bündelholz. Die »Zauserin« mit ihrer Nickelbrille auf der

Nase und ihre alte Mutter haben da in einem Wirrwarr von Kisten, Schachteln und Fässern herumgewerkelt.

Früher waren Schweinemetzger und Altmetzger zweierlei. So durfte etwa der Schweinemetzger Dilger in der Tegernseer Landstraße – heute befindet sich dort ein italienisches Lokal mit Pizzeria – nur Wurst, Schinken, Leberkäs und Würste führen. Dafür gab es beim Dilger die besten Regensburger weit und breit und einen ganz echten Beinschinken.
Der Altmetzger hat nur Fleisch verkauft. In den Auslagen dieser Metzgerei ist meistens die »Kron« gehängt, ein langes gebogenes Fleischstück, ich denke vom Bauch.
Wir haben häufig drei Vierling Ochsenfleisch (also 375 Gramm) gekauft und uns noch für zehn Pfennig Ausschnitt dazugeben lassen. Das waren ein Stückchen Milz, Leber und Fett, etwa für eine gute Suppe. Zum Einkaufen hatten wir eine sogenannte Markttasche aus Leder, oben mit zwei Klappen und dicken Griffen und von denen besitze ich heute noch eine. Siebzig Jahre alt ist die nun sicher schon!

Im Sommer stand manchmal in irgendeiner Straße ein Speiseeiswagen. Der bestand aus einer Art Kiste, in die mehrere Gefäße eingelassen waren, ringsherum zur Kühlung das zerstoßene Stangeneis. Die Gefäße hatten schöne vernickelte Haubendeckel mit einem dicken glänzenden Knopf als Griff. Für ein Zehnerl ist mit einem Spachtel das Eis auf eine längliche Waffel gestrichen und mit einer zweiten Waffel festgedrückt worden.
Steckerleis, Papierbecher oder Eistüten hat man damals noch lang nicht gekannt.

# Vielerlei Berufe

In der Edelweißstraße haben wir sogar noch den Postillion erlebt, bevor der Betrieb eingestellt wurde. Das war ein gelber Paketwagen, der von Pferden gezogen wurde – so etwa 1915 muss das gewesen sein. Der Postillion hatte eine blaue Uniform und einen Zylinder auf dem Kopf mit einer Rosette aus Silberbordüre. Er hat doch tatsächlich manchmal auf seinem Horn ein Lied geblasen.

Fast täglich sind damals die verschiedensten Hausierer mit Handkarren in die Höfe gekommen und haben dort gerufen: »So Leid, gehts naus Leid.« Angeboten haben sie z.b. fünf Pfund Äpfel oder was sie sonst aus der Großmarkthalle schnell verkaufen mussten, damit es nicht verdirbt.

Der »Hodalump« war ein Mann oder eine Frau, der »Hodalumpen, Hodalumpen« (»Hat er Lumpen«) gerufen hat, weil sie Stoffabfälle gesammelt haben. Gewogen wurde mit einer Handwaage (Federwaage), die einen Haken hatte, an dem der Sack für die Lumpen gehängt ist und darüber hat sich an einer kleinen Skala der Zeiger bewegt. Je nach Gewicht hat man ein paar Pfennige für die Lumpen bekommen.

Scherenschleifer schoben eine Art Kiste in den Hof, an der ein Rad mit Riemen befestigt war. Mittels eines Fusspedals ist der Wetzstein bewegt worden. An einer Seite hing ein Wassergefäss, in das die Messer oder Scheren eingetaucht wurden. Am Arbeitsplatz war das Rad an der Kiste ein Tretrad und wenn der Scherenschleifer den Antriebsriemen ausgehängt hat, dann war es ein Schieberad um in den nächsten Hof zu fahren.

Sägfeiler gab es deswegen, weil im Keller immer viel Holz gesägt wurde und naturgemäß die Sägen öfters nachgefeilt werden mussten. Man hat gesagt, die Sägen werden

»g'schränkt«, also einmal in der einen und einmal in der anderen Richtung geschliffen.

Schirmflicker waren meistens Frauen. Sie haben die Schirme eingesammelt und dann vielleicht ein Stück Stoff in den Schirm eingesetzt oder ein Stangerl festgenäht. Das haben sie nicht an Ort und Stelle gemacht, sondern sind meistens am gleichen Tag nochmal gekommen und haben die fertigen Schirme zurückgebracht.

Übrigens hat der Hodalump auch alte Flaschen für einen Pfennig abgekauft. Allerdings hatte man kaum Bierflaschen daheim, weil das Bier meist offen im eigenen Krug geholt wurde. Hatte man ausnahmsweise viele Flaschen, dann ist man zum Lumpenhändler in der Aignerstraße/Ecke Ichostraße gegangen, weil man bei ihm für Weinflaschen und große Essigflaschen ein Fünferl gekriegt hat.
Als richtige Pfandflaschen kann ich mich nur an Bierflaschen erinnern. Die hat der jeweilige Wirt zurückgenommen und da es Kronenverschlüsse erst viele Jahrzehnte später gab, waren es jene Flaschen mit schönem weißem Porzellanverschluss und einem Gummiring dazwischen. Heutzutage sieht man diese Schnappverschlüsse wieder öfters in vielerlei Größen, vor allem in Geschenkegeschäften, eben Nostalgiestücke.
Zu meiner Zeit haben manche alte Männer diese Gummiringe als Mundstück an ihre Pfeife gemacht, damit die besser im Mund hält, wenn ihnen schon die Zähne ausgefallen waren.
Auch wenn es diese Schnappverschlüsse an den Bierflaschen heute wieder ab und zu gibt, wird wohl kein Pfeifenraucher mehr auf die Idee kommen, diese dicklichen Gummischeiben so zu verwenden.

In Giesing gab es zu meiner Jugendzeit einen Händler, der nur Kartoffeln verkauft hat. Sein Wagen mit Pferd stand irgendwo in der Nähe, er selbst ist in die Höfe hineingegangen und hat mit der Glocke ausgerufen, dass der Kartoffelwagen da ist.

Dieser Straßenhändler hatte ein Häuserl in der Kistlerstraße neben dem Kloster der Armen Schulschwestern. Eines Tages bekam das Pferd »einen Dampf«, wie man diese Pferdekrankheit genannt hat und die ist meist tödlich verlaufen.

Ich weiß noch genau, wie der Gaul am Alpenplatz, also ziemlich genau gegenüber unserem Haus, zusammengebrochen und dort verendet ist. Das war auch das Ende der Existenz dieses Händlers. Der arme Mann hatte sowieso schon einen Arm verloren, wahrscheinlich im Ersten Weltkrieg.

Für uns Kinder war so etwas ein besonderes Tagesereignis. Wir haben überhaupt immer die ersten Nachrichten verbreitet, weil wir beim Spielen auf der Straße viel mitgekriegt haben. Wenn man zur Mutter gesagt hat: »Ich bin auf der Gass'n«, dann war das bei uns die Edelweißstraße. Da durfte jeder hin, das war ganz normal. Es gab auch keinen Unterschied zu »vornehmeren« Kindern, aber so arg Vornehme sind in unserer Straße eigentlich wenige gewesen. Da hat jeder mit jedem gespielt, wir waren alle dicke Freunde.

Weil man damals kaum etwas weggeworfen hat, es sei denn es ist einem schon so gut wie in der Hand zerbröselt, wurden wir öfters zum Spengler in die Untere Grasstraße geschickt, um Blechkannen, Eimer oder Zinkwannen flicken zu lassen, oftmals nur mit ein paar Nieten. War der Boden eines Gefäßes ganz durchgerostet, dann wurde ein Blech dafür ausgeschnitten und rundherum mit Nieten neu eingesetzt.

Mit dem Schuster hatten wir Glück, weil der bei uns im Parterre wohnte. Er hat oft ganz unglaublich abgetretene Schuhe wieder hergerichtet, so wie es eben mit den damaligen geringen Ansprüchen noch machbar war. Man hat gesagt, die Schuhe werden »aufgerichtet«, wenn ein Absatz drauf gemacht wurde, und die Sohlen wurden »gedoppelt«.

Im Ersten Weltkrieg hat man sich die Hausschuhe sogar selber gemacht und zwar wurden Hanfschnüre zur Sohle zusammengenäht und das Oberteil wurde aus einem Stück Baumwollstoff wie ein Socken gefertigt. Die waren so ähnlich wie man sie heute bei jungen Leuten zur Jeans als »Sommerlatschen« sieht.

# Mein geliebter Kohleherd

Wie schon gesagt, mit Holz und Kohlen sind wir immer recht sparsam umgegangen und das fällt mir bis heute – also 2003 – nicht schwer, weil ich nicht besonders kälteempfindlich bin. Wahrscheinlich bin ich die Einzige im Haus, die noch immer einen Kohleherd zum Kochen und Heizen hat. Zum Ofenabkehren und zum Säubern des Ofentürls benützte man damals einen Flederwisch. Das war ein Gänseflügel, der rechte oder der linke, je nachdem welcher einem besser in der Hand gelegen ist. Den Handbesen hat man nämlich für die übrige Wohnung gespart. Zum Pfeifenputzen hatte mein Vater Hühnerfedern, von denen er das oberste Spitzerl abriss. So konnte er damit gut in der Pfeife hin und her fahren. Zur Reinigung der Petroleumlampen gab es im Bürstengeschäft kleine Zylinderbesen, die etwa so ausgeschaut haben wie heutige Flötenputzer.

Als Kohlelieferanten hatten wir den Kohlen-König, anfangs kam er mit einem Handkarren, später dann mit einem kleinen Lieferwagen. Heutzutage ist es gar nicht so einfach, in München noch einen Kohlehändler zu finden. Kürzlich kam einer zu mir und brachte nur die bestellten Briketts, weil er auf dem Lieferschein nichts von Kohlen stehen hatte. Irgendwie ist das bei meiner telefonischen Bestellung vermasselt worden. Also musste ich nochmals einen ganzen Tag bereit stehen um die zweite Lieferung mit Steinkohle entgegen zu nehmen. Immerhin hatte ich auf diese Weise meine zusätzliche Gymnastik beim »Abstieg« über die vier Stockwerke bis in den Keller hinunter! Übrigens habe ich Holz bis heute immer reichlich gehabt durch diverse Umbauten bei den anderen Hausbewohnern, wo oft viel Abfallholz anfiel. Jahrelang bekam ich eine Menge der dicken Fußbodenbretter, wenn die Mieter die Böden erneuerten.

Sehr hart waren die Bretter aber schon, sodass ich beim Sägen im Keller viel Mühe hatte.

Haben wir früher Bündelholz beim Kramer Zauser gekauft, dann hat das nur für ein- bis zweimal Einheizen gereicht. Doch meine ich, dass mein Vater das meiste Holz aus dem Wald geholt und dann im Keller zurecht gesägt hat.

Wenn ich mich heute aufwärmen will, zersäge oder zerhacke ich noch ab und zu geschenktes Holz in meinem Kellerabteil.

Beim Förster Grünärmel im Giesinger Waldhaus mussten wir alljährlich einen Holzschein für drei oder fünf Mark kaufen. Nur dürre Stangerl, Rinden, Tannenzapfen oder Wurzelstockreste, also das »Leseholz«, durfte man sammeln. Auf dem Rückweg wurden beim Grünärmel manchmal Stichproben von unserer Leiterwagenladung gemacht, ob wir nur ja kein gutes Holz haben mitgehen lassen.

Mein Vater musste oft ein gebrochenes Rad unterwegs notdürftig flicken. Das Wagerl war nämlich aus zweiter oder dritter Hand. Später konnte Papa einen längeren Leiterwagen einem Bahnwärter bei der Kugler-Alm günstig abkaufen.

Mit diesem sind wir Anfang der 1920er Jahre öfters bis nach Lanzenhaar gelaufen, etwa 28 Kilometer weit.

Samstag gegen Mitternacht sind wir los und am Sonntagfrüh gegen 7 Uhr waren wir im Bauernwald bei Lanzenhaar zum Holzsammeln.

Es ging über die Tegernseer Landstraße und dann an Unterhaching vorbei weiter. Meistens war mein Onkel mit seinen drei Buben dabei, sodass wir Kinder es uns recht lustig machen konnten.

Als Wegzehrung hatten wir Tee dabei und ein großes Einmachglas mit aufgeschnittenen Knödeln, angemacht mit Essig, Öl und Zwiebeln. Manchmal waren noch Regensburger oder Gurken hineingeschnitten.

An jedem Brunnen in den Dörfern auf dem langen Weg haben wir Wasser getrunken. Hat uns ein Gewitter überrascht, haben wir uns die alten Kohlensäcke umgehängt, die meistens schon über und über geflickt waren.

Papa hat nie Randhölzer oder dürres Gestrüpp am Waldrand mitgenommen, weil sich in diesem natürlichen Wildschutz das fliehende Wild verstecken konnte.

Überhaupt haben wir bei diesen Unternehmungen von Papa viel über die Natur gelernt. Er hatte auch Freude an schönen Vogelfedern und hat sie sich deswegen entweder hinters Ohr gesteckt oder sie zwischen die Zähne genommen.

Heute würde man sagen, diese Fahrwege im Wald waren eine Katastrophe. Mein Vater hing am Gurt in der Deichsel und wir anderen haben an beiden Seiten des Wagens fest mitgeschoben, bis wir wieder auf der richtigen Straße waren.

Die Tegernseer Landstraße war damals nicht geteert, sondern nur aus gewalztem Schotter und Kies. Man hat das »Makadam« oder so ähnlich genannt.

Auf dem Heimweg am Sonntagnachmittag haben sich Papa und der Onkel in Unterhaching zur Brotzeit ein Bier gekauft und wir Kinder haben uns am Hachinger-Bach in die Wiese gelegt und geschlafen.

Später konnte sich mein Vater manchmal von seinem Arbeitsplatz bei Oberpollinger übers Wochenende einen viel besser laufenden zweirädrigen Karren mit mehr Ladefläche für den weiten Weg nach Lanzenhaar ausleihen.

# Räterepublik und Revolution 1918/19

Kaum waren die ärgsten Schrecken des Ersten Weltkrieges überstanden, erlebten wir in Giesing schon die nächsten.

Ich war damals acht Jahre alt und so habe ich noch eine genaue Erinnerung an diese Zeit.

Es wurde Ausgehverbot verhängt und da ging ich mal in den Keller zu meinem Vater, der dort richtig wütend Holz hackte und eins ums andere Mal sagte: »So eine Schande, Deutsche gegen Deutsche!«

Meine Mutter hat damals in ständiger Sorge gelebt, dass jemand eine Waffe in unser Kellerabteil wirft um uns verdächtig zu machen. Es hieß nämlich, dass der Mieter des Kellerab-

teils, in dem eine Waffe gefunden wird, von den Soldaten der
»Weißen Truppe« abgeholt und erschossen wird.
Ich meine aber, dass in den Kellern unserer Häuser in der Edelweißstraße keine Kontrollen der »Weißen« stattgefunden
haben, doch die Angst war eben da. Unsere Wohnung hatte
keine Straßenfront, sodass wir nicht alle Ereignisse von draußen mitbekommen haben.
Einmal während einer Schießpause verbreitete sich im Haus
wie ein Lauffeuer: »Beim Wirt is'ozapft.« Alle sind mit ihren
Krügen losgelaufen. Auch meine Schwester Betty ist hinüber
gerannt, doch durch das lange Anstehen an der Schänke ist so
viel Zeit vergangen, dass es mit der Schießerei wieder losging.
Aber Betty und alle Hausbewohner sind glücklicherweise
wohlbehalten ins Haus zurückgekommen, ob mit vollen oder
leeren Bierkrügen weiß ich nicht mehr.

Ich habe auch noch genau das Bild einer jungen blonden Frau
vor mir, die damals ganz in unserer Nähe für die Truppe der
»Roten« Munition getragen hat.
Als es eines Tages keine Schießereien mehr gab – die Weißen
waren nun wohl Herr der Lage – haben wir einen kurzen
Rundgang über die Nockherbergbrücke gewagt, der Bahn entlang zur Brücke an der Regerstraße. Aber dort standen Soldaten der Weißen und haben Ausweiskontrolle und Leibesvisita-
tion gemacht. Zurück ging's nun nicht mehr, doch zum Glück
waren die Soldaten mit anderen Leuten befasst, da gab uns
Papa ein Zeichen und so konnten wir unbehelligt schnell
nach Hause verschwinden.
Als wir Kinder nach Tagen endlich zum Spielen wieder auf
die Straße durften, da entdeckten wir am Bergsteig hinter
dem Pissoirhäusl, das es heute nicht mehr gibt, einen Toten, bei
dem ich an die junge Frau mit der Munition denken musste.
Wann und wie die Leiche dort abgeholt wurde, weiß ich
nicht.
Hinter der städtischen Bücherei, damals Warngau-, heute
Werinherstraße, stand ein ebenerdiges Häuserl, in dem die alte
Eggerin mit einer Ziege, einem Truthahn und ein paar Hüh-

nern lebte. Dort lag am Straßenrand auch ein Toter und die Hühner haben an seinem Kopf herumgepickt.
In dieser Zeit ist uns mal eine Frau begegnet, die ihren toten Mann im Soldatenmantel auf einem kleinen Leiterwagen durch die St. Martin-Straße zum Ostfriedhof gezogen hat.
Die Spuren der Einschüsse während der Kämpfe zwischen den Weißen und Roten Truppen waren besonders auffallend am Trambahnhäusl am Ostfriedhof und am alten Gebäude von Agfa.

In einem Buch, 1982 geschrieben von einem einheimischen Bauern aus Draxlham bei Warngau, habe ich einen erschrekkenden Absatz über jene Zeit gelesen:

»Im November 1918 kam es zur Revolution, der bayerische König Ludwig III. und der deutsche Kaiser Wilhelm II. dankten ab und die Monarchie war zu Ende.
In Bayern führte ein Revolutionstribunal mit Kurt Eisner an der Spitze eine schlimme Terrorherrschaft, aber so viel ich mich erinnere, wurde durch eine Pistolenkugel, die Kurt Eisner tötete, diese bald wieder durch eine legale Regierung abgelöst.«

Dabei war Kurt Eisner, Ministerpräsident einer legal gewählten Regierung!
Ich habe noch eine sehr genaue Erinnerung an die Beerdigung von Kurt Eisner am 21. Februar 1919.
Eisner war damals für viele Menschen der einzige Hoffnungsträger. Meine Mutter und ich standen an der Ecke Edelweiß-/Emmeramstraße und sahen einen endlos langen Trauerzug den Nockherberg heraufkommen. Es war ein riesiger Menschenstrom, der sich zum Ostfriedhof hin bewegte.
Etwas separat ist ein kleiner bärtiger Mann, recht alt und klapprig, im Trauerzug mitgegangen. Er trug einen Kranz aus Latschen, der auffiel, weil er ganz einfach zusammengebunden war. Da musste meine Mutter weinen, weil es sie so anrührte, dass dieses alte Manderl selbst einen Kranz gebunden hatte.

# Die Hausbewohner

Wir haben uns beim Einzug in die Edelweißstraße eigentlich zum Mittelstand gerechnet. Bis zum Ersten Weltkrieg war die berufliche Situation für meinen Vater recht gut, sodass er auch ordentlich verdiente. Er hatte sich schon als Lediger eine komplette Zimmereinrichtung gekauft, ein sogenanntes Herrenzimmer. Diese Möbel standen in einem »Leerzimmer«, in dem er schon eine ganze Weile vor der Hochzeit 1909 in Untermiete wohnte.

Also, in den Häusern Edelweißstraße 5–9 haben lauter ordentliche Leute gewohnt.
Auf Nummer 9 hat der Rechtsanwalt Berg gelebt und im 2. Stock bei uns wohnte die Familie von Herrn Jäger, einem Ingenieur bei der Bahn oder bei der Straßenbahn.
Auf Nummer 5 wohnten die Markhoff, noch ein Ingenieur, und im 2. Stock über ihnen irgendein Professor.
Sonst gab's viele Handwerker, einen Schreiner, Nagelschmied, Fotografen, Trambahner, Zimmermann und Installateur.
Im 2. Stock bei uns lebte eine sehr nette alte Witwe, Frau Steiner, mit zwei erwachsenen Töchtern und im 4. Stock wohnte Frau Winkler. Die war für mich als Kind eine, zu der ich immer bewundernd aufgeschaut habe, so groß und schön wie sie war, mit weißen Haaren und alten Ohrgehängen.
Im Parterre haben genauso »gemischte« Leute gewohnt, eben ein gutes Publikum, nicht so wie man früher gesagt hat »nichts Besonderes«.

Der Nagelschmied Brutscher, der bei uns im Haus wohnte, hatte seine Werkstatt in der Falkenstraße in der Au und der hat die Nägel bis in die 1930er Jahre mit der Hand geschmiedet. Seine Frau hat selbst die schweren Taschen mit der Ware an die Eisenwarengeschäfte in die Stadt geliefert.
Der Schustermeister Früh, wie schon erwähnt bei uns im Parterre, hatte seine Werkstatt in der Wohnung und zwar arbeite-

te er mit Antritt, Schusterschemel und Nähmaschine in der Küche.

Es war bei uns ein richtiges Miteinander und man wusste es damals immer gleich, wenn irgendwo im Haus etwas los war, z.b. wenn jemand krank geworden ist oder es sonst Kummer oder Ärger gegeben hat.
Rechts von uns war die Familie Müller unser Nachbar und deren Bub war der Arthur, mit dem ich viel gespielt habe. Er war ein bisschen älter als ich, aber ich kann mich nur noch dunkel an ihn erinnern, bloß dass er ein recht wohlgenährtes Kind war.
Die Eltern von Arthur waren nach dem Ersten Weltkrieg Mitglied in einem Kommunalverband, der etwas mit Lebensmitteln zu tun hatte, die man vom Land bekam. Als Müllers mal nicht daheim waren, hat ein Mann bei uns geläutet um einen Sack voll Semmeln für sie abzugeben. Er war ganz erstaunt, dass ich ihn so groß anschaue und fragte:»Was schaust denn du so?« Daraufhin erklärte ihm Mama, dass ich noch nie eine Semmel gesehen hätte. Wenn sie aus der Vorkriegszeit in der Dienerstraße von Eierweckerln erzählt hat, habe ich mir vorgestellt, dass es etwas sein muss, wo ein ganzes Ei draufgesetzt ist, sogar mit der ganzen Schale habe ich gemeint.
Da sagte dieser Lieferant:»Geh weiter Kleine, du sollst auch eine Semmel haben«, und hat mir eine geschenkt.
Anfang der 1920er Jahre fing es dann an, dass es viele verschiedene Semmelsorten gegeben hat.
Links von uns wohnte die Familie Bauer. Herr Bauer war im Ersten Weltkrieg in Mazedonien und als er einmal auf Heimaturlaub kam, hat er uns den Panzer einer Schildkröte mitgebracht. Erstaunlicherweise existiert dieser heute noch und ich benütze ihn oft um das Fenster festzustellen, wenn ich im Schlafzimmer lüfte.

Eine ganz andere Erinnerung als Hausbewohner habe ich an den Bepperl der Familie Eiglmaier im 2. Stock. Er war ein bisschen jünger als ich und hat auch fast sein ganzes Leben in der

Edelweißstraße 7 verbracht. 1989 ist er an den Kolumbusplatz hinunter gezogen.

Er war in seinem roten Kitterl, also so einer Art Kleiderröckchen, wie es damals alle kleinen Buben und Mädchen getragen haben, ein ganz nettes Kerlchen. Wir haben ihn auf seinem Balkon unter uns immer gut beobachten können. Dort hatte er eine halbzahme Wildtaube, die sich ganz fest ins Eck gedrückt hat vor lauter Angst, wenn der Beppi herausgekommen ist. Mama hat noch gesehen, wie er da unten wohl etwas Dummes mit dem armen Vogerl macht und hat deswegen hinunter gerufen. Da war es aber schon zu spät, die Taube lag halbtot da, weil der Beppi ihr wohl den Schnabel abgebissen hatte. Das Ende war, dass seine Mutter herauskam und dem armen Tier kurz entschlossen den Kragen umdrehte. Der Bepperl war eben ein Einzelkind und so hat man ihm viel nachgesehen.

Das war genauso bei Wiggerl, dem süßen Bub von Bauers. Er war sehr gerne bei uns, vor allem wenn mein Vater daheim war. Er ist dann mit ihm auf dem Kanapee gesessen und durfte da sogar hopsen, was ich natürlich nie gedurft habe. Auch hat er sich einfach eine der Pfeifen von Papa genommen und hat bei ihm das Rauchen nachgemacht. Aber er war halt der Liebling bei uns.

Gleich nebendran wohnte die Familie Rainer mit ihrer Tochter Hilda, die etwa mein Alter hatte. Ihr Vater war ein ewiger Student – so etwas hat es eben schon in meiner Kindheit gegeben und nicht erst heutzutage – etwa 35 oder 40 Jahre alt. Oft hat er bei uns geläutet um kundzutun, dass die Marie rüberkommen soll, weil Bibsi mit ihr spielen will. Das war seine Tochter Hilda und die hatte Puppen, ich aber besaß keine.

Fast am liebsten bin ich später ganz alleine hinten am Bergsteig gewesen, an diesem Eckhaus zur Aignerstraße hin. Dort waren große Kellerfenster, die es sogar heute noch gibt. An denen habe ich sehr gut sitzen können und in Ruhe lesen, z.B. »Die Jugendblätter«.

*»Vikitant« Viktoria Auer 1938*

Im 4. Stock wohnten drei Parteien, die Familien Jobst, Winkler und die Witwe Bechtold, später dann das Fräulein Auer.
Frau Bechtold war die Witwe des Raubmörders Bechtold. Sie war eine kleine rothaarige Dame und ist bald wieder ausgezogen, ich nehme an wegen der unangenehmen Siutation durch ihren Mann. Er hat bis zuletzt behauptet, dass er unschuldig ist und ich kann mich nicht erinnern, was man mit ihm gemacht hat. Er ist wohl hingerichtet worden, sonst hätte man ja nicht von der Witwe Bechtold gesprochen.

Nach Frau Bechtold ist Fräulein Auer eingezogen. Sie hieß Viktoria, wir haben sie aber Vikitant genannt und sie wurde bald

73

zur Freundin unserer Familie. Wenn sie abends heimgekommen ist, oder auch sonntags, hat sie sich von ihrem Kammerfenster aus mit uns auf dem Balkon von oben nach unten unterhalten. Es war so üblich, dass man auf dem Balkon gesessen ist und sich mit den Nachbarn ringsum ausgetauscht hat. Im Zweiten Weltkrieg ist Vikitant weggezogen, weil ihre Wohnung ausgebrannt war. Sie hat uns damals für lange Zeit ihr Kanapee überlassen, weil sie fürs Erste bei ihrer Schwester in Rosenheim Unterschlupf fand. 1949 ist sie zur Beerdigung meiner Mutter aus Rosenheim zu uns gekommen. Einige Jahre später starb sie dort.

Fast alle Frauen im Haus haben üblicherweise eine Schürze getragen, an der ein Schlüsselbund mit einem schön verzierten Haken eingehängt war. Jeder Hausbewohner hatte nämlich Schlüssel für Speicher, Waschküche, Keller, Haustor, Wohnungstür usw. und das waren meistens recht schwere Dinger am Schlüsselbund.
Man hat aufgepasst, dass alle Türen immer gut verschlossen waren, obwohl es damals noch kaum Diebe gab. Hatte sich jemand ausgesperrt, dann musste man zur Hausmeisterin gehen um sich den Dietrich auszuleihen, mit dem man das Schloss aufschnappen lassen konnte.

Am Abend gegen sechs Uhr, wenn die Hausbewohner von der Arbeit heimgekommen sind, hat man sie am Tritt erkannt und wusste gleich, ob es der Herr Jäger, der Herr Jobst oder der Herr Eigelmaier ist.
Herr Jobst war Schreiner, schon etwa 50 Jahre alt, aber er hat trotzdem täglich sein Radl auf die Schulter genommen und es bis in den 4. Stock hinaufgetragen.

Von den Hausbewohnern hatte nicht nur meine Mutter eine schöne Stimme, sondern auch Frau Heidenreich. Beim Kochen hörte man sie fast im ganzen Haus Lieder singen wie z.B. Elterngrab, Bergmannskind, Seemannslos, auch von Schubert »Am Meer« und »Der Lindenbaum«.

Französische Lieder haben sie nach dem Ersten Weltkrieg gesungen, die unseren Soldaten wohl so gefallen haben, dass sie diese mit in die Heimat zurückbrachten!

In jedem Haus waren bei uns zwei Waschküchen. Wenn eine der Hausparteien Waschtag hatte, dann war das immer für zwei Tage. Man hat die Wäsche in Henko eingeweicht und am nächsten Tag – so gegen 5 Uhr früh – den Kessel eingeheizt. Dazu brauchte man das eigene Heizmaterial. Wenn das Wasser heiss war, ist die Wäsche mit Kernseife auf der Waschbank gebürstet und später mit der Reibe gerubbelt und dann in der Lauge mit Waschmittel – meistens Persil – gekocht worden. Umgedreht hat man die Wäsche mit langen Holzlöffeln, mit denen man sie auch herausgeangelt und zum Spülen in die Tröge geworfen hat. Ins letzte Schwenkwasser gab man »Waschblau«, solche tiefblauen Kugeln, damit die Wäsche aufgehellt wird. Dann wurde sie mit der Hand ausgewrungen, im Sommer im Hof und im Winter auf dem Trockenspeicher unter dem Dach aufgehängt. Das war richtige Schwerarbeit, denn ohne Schleuder hat nasse Wäsche ein enormes Gewicht und außerdem musste man – zumindest im Winter oder bei schlechtem Wetter – zum Aufhängen die vielen Treppen bis unter das Dach hinaufsteigen.

Die Waschhäuser hatten direkten Zugang vom Hof aus in den Keller hinunter. Die Räume gibt es heute noch, aber jetzt sind es Abstellgelegenheiten für die Geräte des Hausmeisters.

# Teppichklopfen

Eine ganz alte Erinnerung ist für mich das ewige Teppichklopfen. Fast ständig schallte es irgendwo durch die Gegend, denn Staubsauger gab es noch lange nicht. Ich habe von dem ersten gehört, als mein Vater 1925 arbeitslos war und deswegen auf eine Behörde nach Schwabing musste. Dort hat er damals solch eine laufende Maschine gesehen.

Sonst haben die Leute eben ihren Teppich geklopft, wenn sie überhaupt einen besessen haben.

Drei - bis viermal im Jahr hat man gestöbert und dabei auch die »Fassonmatratzen« geklopft. Die waren enorm dick, einteilig und in einem Holzrahmen fest montiert, unten mit Federn und Gurten. Man hat die unglaublich schweren Dinger immer zu zweit herausheben müssen, dann wurden feuchte Tücher draufgelegt und los ging das mühsame Klopfen.

Teppiche und Bettdecken wurden auf der Stange im Hof geklopft oder im Winter im Schnee, also eine ewige Schlepperei.

Zum Teppichausbürsten hat man Schwarzteeblätter gesammelt oder Sauerkraut auf den Teppich gelegt, weil das angeblich gut gereinigt hat.

Die Zeiten für das Klopfen waren in der Hausordnung festgelegt und zwar wochentags von 8 - 10 Uhr und samstags außerdem am Nachmittag von 16-18 Uhr.

Hier kurz eine lustige Erinnerung. Anna, eine angeheiratete Tante von mir, war ganz jung als Hausmädchen nach Amerika gegangen. Als sie mit 30 Jahren, Ende der 1920er Jahre, nach Deutschland zurückkam, meinte sie ganz entrüstet: »Was, Schuhputzen tu' ich doch nicht, das machen doch die Straßenschuhputzer!«

In den Jahren zwischen den beiden Weltkriegen wurde das Treppenhaus jeden Tag gewischt, dann nur noch zweimal in der Woche, weil man dafür keine Putzlumpen mehr hatte.

Das Putzen hatten die Mieter reihum zu erledigen, vor Weihnachten haben sie alle zusammengeholfen und dann auch die Lambrinen (Wandverkleidungen) und die Türen abgewaschen.

Wenn wir dran waren, hat meine Mutter immer gesagt, wir Schwestern sollten das Treppenhaus »fei ja schön putzen, auch das Geländer und die dicken Bodenleisten oben abstauben und so.«

Überhaupt musste man früher zu Hause viel helfen, z.B. Holz und Kohlen aus dem Keller holen oder den Aschenschuber vom Ofen jeden Tag unten im Hof in die Tonne schütten. Meistens hat Mama mich dabei ermahnt:»An der Teppichstange tust du mir nicht lange umeinander und kommst gleich wieder rauf!«

Die Hausmeisterin Kienreich von Nummer 9 hat die Kinder immer angeschrien, wenn sie laut waren. Sie wollte auch nicht, dass welche an der Teppichstange Klimmzüge machen oder sonst wie herumturnen.

Im Sommer in der Zeit des Ersten Weltkrieges, als wir diese einfachen Holzklapperln anhatten, die so arg gescheppert haben, hat Mama immer gesagt:»Langsam, langsam, leise, leise!«

Es hat viele Kinder bei uns im Haus gegeben und oft hat Mama welche zu uns in die Wohnung hereingeholt, wenn nach der Schule die Mutter noch nicht daheim war. Man hat aber nie herumgetobt, wenn man in eine andere Wohnung gekommen ist, sondern ist still auf dem Kanapee in der Küche gesessen und hat geschaut, was da alles anders ist als bei einem selber zu Hause. Wenn es Essen gab, dann hat man gesagt, ich muss jetzt heimgehen. Das war so in einem drinnen, dass man nicht sitzen bleibt und zuschaut, was die anderen essen. Das war einfach nicht üblich.

Auch mussten wir viel zum Einkaufen gehen oder Bier im offenen Krug beim Ausschank in der Wirtschaft holen.

Am Samstag wurde der Holzboden immer auf den Knien geschrubbt, zuerst von Mama und dann von Betty als sie zehn oder zwölf Jahre alt war.

# Taschengeld gab's nicht

Taschengeld war früher völlig unbekannt und auch fürs Helfen gab es nichts, denn das war eine selbstverständliche Pflicht. Wenn ich irgendeiner Frau im Haus den Kohleeimer heraufgetragen habe, dann kriegte ich manchmal einen oder zwei Pfennig. Mama hat das aber gar nicht gerne gesehen, weil sie meinte, ich sollte einfach so helfen.

Wenn wir Kinder doch einmal ein Zehnerl beinander hatten, dann haben meine Schwester und ich besprochen, ob wir dafür Waffelbruch kaufen oder lieber zersplitterte »Guatln«, die Reste aus den Bonbongläsern. Daheim gab es auch deshalb viel zu helfen, weil mancherlei Arbeiten im Vergleich zum heutigen Haushalt recht umständlich waren. Zum Geschirrspülen musste man erst die Schüssel dafür aus der Speis' vom Haken holen, dann das heiße Wasser vom Herdgrandl hineinschöpfen, die Spülschüssel an beiden Griffen nehmen, auf den niedrigen Hocker neben dem Ausguss stellen, das Sodapulver als Geschirrspülmittel hineintun und dann mit dem Spülen anfangen. Das Besteck wurde nach jedem Waschen anschließend geputzt und zwar mit feinem Sand, den es offen zu kaufen gab, später mit Ata. Dann wurde ein alter Korkstöpsel in Wasser getaucht und in den Sand gedrückt. Der glatte Eisenrand des Herdes diente als Unterlage für diese Putzprozedur des Bestecks, vor allem für die Messerschneiden.

Auch das Falten von Zeitungspapier und Zerreisen in kleine Blätter als Klopapier war so eine Pflichtaufgabe. Diese Papierstücke wurden an einem schön gebogenen Drahtgestell mit einer bauchigen Nadelspitze durchstochen und da hing dann so ein Päckchen fertig zur Anwendung. Etwa Anfang der 1930er Jahre gab es richtige Klopapierrollen und einen einfachen Holzhalter dazu, den meine Mutter dann gekauft hat.

Wenn ich die Augen zumache, merke ich heute noch, welchen eigenartigen Geruch der Speicher hatte. Für mich war dieser Holzgeruch anheimelnd, außerdem hat es da droben gekracht, geknirscht und geächzt, weil die dicken Holzbalken und all das andere Holz ständig gearbeitet haben.
Im 4. Stock gab es eine große Tür, die man immer absperren musste. Dahinter waren zwei große Speicherräume mit Zementboden, zum Aufhängen der Wäsche. An der Hinterseite führte eine einfache Holztreppe hinauf zu den kleinen Speicherabteilen aller Mietparteien.

Ich hatte in diesem wunderbaren Speicher immer so ein schönes kribbelndes Gefühl. Es gab so viel anzuschauen und durch die kleinen Giebelfenster hatte man eine gute Aussicht auf die Edelweißstraße.

In unserem Speicher standen ein großer Holzkoffer und ein großer Schiffskoffer. Wenn Mama mir erlaubt hat, dass ich diesen aufmache, dann habe ich darin ganz fest herumgewühlt. Was da alles zum Vorschein gekommen ist! Auch ein Stoss Zeitschriften aus dem Tierpark Hagenbeck in Hamburg lag in diesem Koffer. Diese Hefte habe ich später sehr gern gelesen, mit Geschichten und Versen über Tiere und mit vielen Abbildungen.

Auch meine ersten Säuglingssachen wurden in dem Schiffskoffer aufbewahrt und Teile eines Faschingskostüms meiner Mutter, als sie mal als Norwegerin ging. Dazu gehörte auch eine Art Leiberl in grün und gold, das etwas Besonderes war.

Wenn ich dann zu viel gewühlt habe, hat Mama gesagt: »Jetzt langt's, jetzt machen wir wieder zu und gehen runter.«

Woher der Schiffskoffer war, weiß ich nicht sicher, ich glaube Papa hat ihn mit in die Ehe gebracht. Er war aus braunlasiertem Leinen und hatte dicke helle Holzleisten und Messingschienen. Nach dem Zweiten Weltkrieg haben wir ihn sogar nach unten ins Elternschlafzimmer gestellt, als Ersatz für die Kommode, die bei einem der Bombenangriffe beschädigt worden war. Als er später ganz vergammelt war, haben wir ihn weggeworfen.

Den Holzkoffer habe ich meiner Freundin in Steinebach geschenkt, weil er zum Aufstellen recht geeignet war. Früher nannte er sich Dienstbotenkoffer, eine ganz einfache Truhe, innen mit einem Querfach. Da hatten Gebetbuch, Schlüssel oder andere besondere Dinge ihren Platz. Meine Freundin hat ihn mit Bauernmalerei verziert, passend zu den Kindermöbeln und so steht er heute noch dort im Haus.

Meine Mutter hat die Räume zum Trocknen fast nie benützt, sondern die Wäsche im eigenen Speicherabteil aufgehängt. Dort war ein Strick so gespannt, dass viel Wäsche Platz hatte.

Ob Mama Angst vor Dieben hatte, weiß ich nicht, eigentlich gab es bei uns im Haus so etwas damals noch nicht.
Die Wäsche war im Winter oft brettsteif gefroren, wenn man sie abgenommen hat. So musste man sie gar nicht einsprengen, weil sie fürs Bügeln ausreichend feucht war.

Lustigerweise steht in meinem Mietvertrag heute noch, dass zu jeder Wohnung ein Speicher- und Kellerabteil gehören. Dabei existiert der Speicher seit dem Zweiten Weltkrieg nicht mehr, weil er damals zu einem zusätzlichen Stockwerk ausgebaut wurde. Alle Abstellsachen hat man heute im Kellerabteil, weil es fast niemand mehr für Holz und Kohlen braucht, vielleicht nur ich selber.

## Der Kostgänger

Zu denen, die Mamas Großzügigkeit erfahren haben, gehörte auch Herr Fehrenbach. Ich war sechs oder sieben Jahre alt, als alle 14 Tage am Montag dieses alte Manderl mit langem Bart zu uns gekommen ist. Er wohnte mit seinen beiden Töchtern im Keller einer hochherrschaftlichen Villa in der Loristraße in Neuhausen. Das war beileibe keine richtige Wohnung, sondern eigentlich ein Kellerloch mit zwei Räumen, nur mit Holzlatten geteilt. Ob es ein Klo gegeben hat und wo sie ihre Wasserstelle hatten, weiß ich nicht.
Mama hat mich mal dorthin mitgenommen um mir zu zeigen, unter welchen Bedingungen die Fehrenbachs leben.
Die eine Tochter war Arbeiterin bei Gautsch und die andere Putzfrau im Zerwirkgewölbe. Durch sie hatte meine Mutter Herrn Fehrenbach kennengelernt und auch erfahren, wie schlecht es der Familie geht.
War er bei uns zum Essen, hat Mama ihm hinterher noch eine Brotzeit eingepackt und ihm das Fahrgeld für die Trambahn mitgegeben.
Nicht nur bei uns hatte Herr Fehrenbach einen »Kostplatz«, sondern auch noch bei einigen anderen Familien.

Heute wundere ich mich, wie meine Mutter immer so gut gewirtschaftet hat, weil wir selbst zu jener Zeit auch sparen mussten und kein üppiges Essen auftischen konnten. Es war ja die Zeit gegen Ende des Ersten Weltkrieges.

Nach dem Ersten Weltkrieg hatte die Familie Tausendteufel im Parterre von Hausnummer 5 ein Holzlager, unter dem sich bald Ratten eingenistet haben. Andere Hausbewohner hatten einen Schnauzer, der mit Vorliebe auf Rattenjagd gegangen ist. Für uns Kinder war das ein herrliches Schauspiel, wie der Hund die Ratzen gefangen hat.

Eigentlich hatte die Familie Tausendteufel ein Geflügelgeschäft am Viktualienmarkt, aber in diesen schlechten Jahren haben sie auch ein paar Hühner bei uns im Hof gehalten. Dazu gehörte ein Gockel, der sich immer auf die Teppichstange gehockt und dort sein »Kikeriki« gekräht hat. Das Lustige dabei war, dass er das vorletzte »i« betont hat, also etwas ganz Ungewöhnliches für uns Kinder.

Noch etwas Außergewöhnliches war der kleine Fuchs, den Heidenreichs, die Mieter neben uns, eines Tages von einem Bekannten auf dem Land mit heimgebracht haben.

Fuchsi bekam eine kleine Hütte auf dem Balkon und ist dort aufgewachsen. Als Frau Heidenreich mal ins Krankenhaus musste, hat sie meiner Mutter die Wohnungsschlüssel gegeben und ihr erklärt, dass sie den Fuchsi ja nicht vom Balkon in die Wohnung lassen dürfte. »Ja, ja, ist schon recht«, hat Mama da nur gemeint, und kaum dass Frau Heidenreich weg war, hat sie die Balkontür aufgemacht und gemeint: »So Fuchsi, geh' nur rein, jetzt darfst herumlaufen.«

Der konnte auf dem kleinen Balkon nie richtig rennen und ist dann in der Wohnung herumgerast wie ein Wilder. Auf dem Linoleum ist er ausgerutscht wie auf blankem Eis und mit dem größten Vergnügen über die Betten drüber und untendurch gesaust. Eigentlich war er sonst folgsam wie ein kleiner Hund, aber den Auslauf, den er plötzlich hatte, wollte er wohl richtig auskosten.

Ich glaube, Frau Heidenreich hat es nie erfahren, was der Fuchsi bei uns alles durfte.

Wenn es bei uns Reisauflauf gab mit Kakao, Zucker und Rosinen, dann hat Mama immer etwas davon vom Schlafzimmerfenster aus zu ihm auf den Balkon geworfen und das hat er dann mit Wonne gefressen. Man brauchte bloß »Fuchsi« rufen und schon schaute er durch das Balkongitter.

Herr Wurm, der Bruder von Frau Heidenreich, war Kunstmaler und so hat er von unserem Fenster aus mal eine Rötelzeichnung von Fuchsis Kopf gemacht. Die war ganz genauso, wie er immer durch die Balkonstäbe geschaut hat, deshalb haben wir sie gerahmt und so hing sie dann jahrelang bei uns im Gang.

1944 nach dem furchtbaren Bombenangriff, halfen uns verschiedene Leute beim Ausräumen der beschädigten Möbel und da war die Zeichnung plötzlich weg und ist auch nie mehr aufgetaucht.

Später sind mit Fuchsi noch einige lustige Sachen passiert. So hörte meine Mutter eines nachts ein ganz heftiges Nagen, konnte aber nicht sehen, was eigentlich los war. Sie hat Heidenreichs geweckt und ich sehe heute noch vor mir, wie Herr Heidenreich im weißen Nachthemd und barfuss auf den Balkon gekommen ist, mit einer Schere in der Hand. Fuchsi hatte sich nämlich einen Sackfaden so um die Pfoten gewickelt, dass er nicht mehr los kam. Als Herr Heidenreich die Schnur durchschneiden wollte, hat Fuchsi ihn ganz fest in die große Zehe gebissen.

Ein anderes Mal bin ich mit Frau Heidenreich und Fuchsi im Wald spazieren gegangen. Er hatte so viel zum Schnüffeln, dass er furchtbar an seinem Halsband gezerrt hat. Deshalb haben wir ihn das nächste Mal daheim gelassen und dafür hat Frau Heidenreich ihn einfach mit dem Halsband am Lattenrost im Keller angehängt. Als wir wieder heimkamen war das Halsband dort, aber der Fuchsi war weg. Wir haben überall nach ihm gesucht, aber ohne Erfolg. Schließlich meinte ein Kind, er wäre drüben auf der »Stoanawies'n« am Nockerberg. Die kleinen Häuser dort an dieser Wiese hatten Ställe mit Gänsen und Hühnern und auf die hat Fuchsi nun Jagd gemacht. Schließlich wurde er von den dortigen Leuten in einen leeren Käfig gesperrt bis Frau Heidenreich ihn abgeholt hat. Aber daheim konnten sie das freiheitsliebende Tier nicht mehr behalten.

So hat Frau Heidenreich ihn an einen Kunstmaler am Englischen Garten verkauft, der Tiermaler war und deswegen einen richtigen Zwinger hatte.

Später sind wir mal dorthin zu Besuch gefahren um zu sehen, ob er sich freut, wenn wir kommen. Aber er hat uns überhaupt nicht beachtet, lag in seinem Zwinger, ringsherum mit abgeschnittenen Hühnerköpfen und hatte da das schönste Leben.

Wenn im Haus jemand gestorben ist, hat man ihn meistens noch für ein paar Stunden oder sogar über Nacht in der Wohnung behalten. Dann sind die Nachbarn gekommen und haben sich von dem Toten verabschiedet.

Ich weiß noch genau, wie die Marie von Fischers gestorben ist, aber ich weiß nicht, was ihr gefehlt hat. Sie war 16 oder 17 Jahre alt und hatte auch im 3. Stock gewohnt.

Der offene Sarg stand im Gang und da lag sie schön aufgebahrt mit ihren langen blonden Zöpfen.

Es war ganz üblich, dass die Leute daheim gestorben sind. Einen Notarzt gab es nicht und den Hausarzt brauchte man nicht mehr zu holen, weil der meistens schon vorher angedeutet hat, dass es mit einem Menschen bald zu Ende gehen würde.

Nach dem Ableben musste ein Arzt, wie heute auch, zur Leichenschau geholt werden und die Angehörigen hatten die Erledigungen beim Bestattungsamt zu machen.

Das war schon mühsamer als heutzutage, weil kaum jemand Telefon hatte. Bei uns im Haus besaß nur die Familie Jäger eines, weil Herr Jäger es aus beruflichen Gründen als Ingenieur bei der Bahn brauchte.

In der Edelweißstraße 5 hatte die Familie Markhoff ein Telefon und sie ist mir auch deshalb besonders in Erinnerung, weil ihr jüngerer Bub schwer lungenkrank war. Er wurde bei Sonnenschein immer mit einem Stuhl in den Hof gesetzt, weil frische Luft wohl für ihn sehr wichtig war. Allerdings weiß ich nicht mehr, ob er auch im Haus gestorben ist.

## Hausmedizin

Nicht nur beim Großvater in Dorfen, sondern auch bei uns daheim hat es als Hausmedizin viele Naturheilmittel gegeben. Zum Doktor ist man schließlich erst gegangen, wenn eine Krankheit wirklich ernst wurde.
Bei uns Kindern hat man immer gleich einen Ganzwickel gemacht und später einen Wadenwickel. Etwa zwei Stunden mussten wir in diesen feuchtwarmen Tüchern liegen, haben fest geschwitzt und waren anschließend meistens wieder gesund.
Im Wald haben wir von »blutenden Fichten« das Baumharz gesammelt. Es kam in ein altes Cremedöschen aus Porzellan, wurde im Wasserbad flüssig gemacht und mit einem Holzspan auf ein Leinenlapperl aufgestrichen, das dann als Verband für zerschnittene Finger oder sonstige Wunden diente.
Bei Husten gab es »Brustpulver«, dieses grau-braune Pulver hat man in der Apotheke geholt. Ein Löffel von diesem gräuslich schmeckenden Zeug wurde in Wasser aufgelöst und das musste man dann schnell hinuntertrinken.
Fast alle Medizinarten hat es in der Apotheke offen in kleinen Holzkistchen, in Gläsern oder Porzellangefässen gegeben.
Würmer waren damals bei Kindern aus allen Schichten eine häufige Plage, und die wurden mit »Wurmhütchen« behandelt. Die schauten wie kleine Meringen (Baiser) aus, waren auch süß, haben aber trotzdem gräuslich geschmeckt.
Das Allheilmittel meiner Mutter war »Essigsaure Tonerde«. Die hilft auch heute noch sehr gut bei vielerlei Verstauchungen,

Prellungen und sonstigen Gliederschmerzen. Ebenso sind dafür Topfenumschläge schon ein uraltes Heilmittel gewesen. Bei Durchfall trank man Tee mit »Choleratropfen«, und wenn einem übel war, gab es Hoffmannstropfen auf einem Stück Zucker. Bei Bauchgrimmen hat Mama einen Topfdeckel gut angewärmt, ihn in ein Tuch eingeschlagen und auf den Bauch gelegt. Das hat man auch gut im Sitzen am Tisch machen können. Wärmflaschen gab es damals zwar, aber bei uns haben es Topfdeckel genauso getan. Auch flache Ziegelsteine dienten bei uns als Wärmflasche fürs Bett. Die wurden im Backofen erhitzt und dann unter die Bettdecke gelegt, wenn es zur Winterszeit im immer ungeheizten Schlafzimmer besonders kalt war.

Auch auf Hundefett haben manche Leute geschworen. Als unser Hund Hexi beim Tierarzt eingeschläfert werden musste, hat dieser meinem Vater erlaubt, das Tier selber aufzuschneiden. Durch seinen Beruf hatte er viel Erfahrung, wie Wild ausgenommen wird und er wollte eben genau wissen, an was unsere Hexi eingegangen war. Der Tierarzt sah dann, dass der Hund besonders viel Fett hatte, sodass er zum Rossmetzger Bergmeier in die Alpenstraße gebracht werden sollte. Dieser hat immer Hundefett gebraucht, weil er Salbe daraus gemacht hat, die bei Lungensucht angewendet wurde. Bei den vielen Lungenkranken, die es damals gab, war diese Salbe ein wichtiges Heilmittel.
Bei Zahnweh hat man Myrrhentinktur mit dem Finger im Mund eingerieben oder einen damit getränkten Wattebausch in den hohlen Zahn gesteckt. Meistens hat das aber noch mehr weh getan als das eigentliche Zahnweh!
Viele Menschen konnten sich damals keinen Zahnarzt leisten, doch in der Polyklinik wurde man kostenlos behandelt. Leider war man dort oft »Versuchskaninchen«, weil Studenten, die in der Ausbildung waren, dort die Behandlung gemacht haben.

Bei der ganz schlimmen Grippewelle 1918 hatte meine Mutter noch zusätzlich ein Abzess über dem linken Ellenbogengelenk. Sie wurde von Dr. Klimzewski in der Lindwurmstaße mit »Entbakterin« behandelt. Er war Allgemeinmediziner und außerdem Naturheilkundler und hat das Medikament auf dem Rezept selbst zusammengestellt. Nur in zwei Apotheken in München war es zu haben und es hat im Glas wie Majonnaise ausgeschaut. Es roch stark nach Kampfer und musste mit Wasser verdünnt eingenommen werden.

Wenn mein Vater arbeitslos, also »ausgesteuert« war, dann hat er nur eine ganz kurze Zeit Arbeitslosengeld und dann gar nichts mehr bekommen und war in dieser Zeit auch nicht krankenversichert. Er musste dann zum »Armenarzt« Dr. Schollenbruch gehen, weil der öfters kostenlos Medikamente abgegeben hat. Er war kein Jude, aber Edelkommunist – also ein Kommunist, der sich öffentlich dazu bekannt hat – und kam deshalb schon 1933 als »Politischer« nach Dachau. 1937 oder 1938 war er angeblich verschollen, aber man musste damals befürchten, dass er von den Nazis ermordet worden war.
Hausärzte gab es in unserer Gegend einige, aber ein Besonderer war der Sanitätsrat Dr. Wallner in der Ohlmüller-/Ecke Zeppelinstraße. Er hat sich in der Früh Gesicht und Kopf gewaschen, alles tropfnass gelassen und dann die Praxis aufgemacht. Den Patienten erklärte er immer, dass er sich nicht abtrocknet, weil die Feuchtigkeit gut für die Haut wäre!

# Gastwirtschaften und besondere Ereignisse

Meine Eltern hatten viele Freunde, vor allem bei der Militärkapelle des Königlichen Leibregiments und mit einigen dieser Musiker hatten wir persönlichen Kontakt. Wenn diese bei uns zu Besuch waren, dann sind wir ganz gemütlich zusammen in der Küche gesessen. Einer von ihnen, Karl Brückner, wurde später mein Zitherlehrer. Ab und zu gab diese Militärkapelle Konzerte im Bürgerbräusaal, da sind wir meist hingegangen.

Manchmal sind wir sonntags am Spätnachmittag zu den Komikern in den Thomasbräu-Keller am Kapuzinerplatz gegangen. Dort wurden nicht nur lustige Verse oder Sprüche zum Besten gegeben, sondern es wurde auch gesungen und diese Lieder hat man sich gemerkt und daheim damit sein »Repertoire« erweitert.

Eines Tages während des Ersten Weltkrieges wurde in einer größeren Wirtschaft Soldatenabschied gefeiert. Ich war etwa fünf Jahre alt, wurde plötzlich auf einen Stuhl gestellt und habe ganz ohne Hemmungen lauthals »Seemannslos« gesungen! Vor einigen Jahren habe ich dieses Lied im Radio wieder gehört und da hatte ich noch Bruchstücke des Textes im Kopf. Schnell versuchte ich mir die fehlenden Teile zu notieren, nur alle habe ich nicht geschafft. Aber sicher bringe ich sie demnächst noch mal zusammen.

Auch im Haus in der Edelweißstraße gab es sehr lustige Ereignisse.

Meine Mutter hatte am Barbara-Tag Namenstag und der fällt in die Nikolauszeit. Das hat der Nachbar Heidenreich ausgenützt und sie damit reingelegt, dass er sie ganz eilig zu sich holte, weil sie nur von seiner Wohnung aus die vielen Nikoläuse sehen konnte, die auf der Straße herumliefen.

In dieser kurzen Zeit holte Frau Heidenreich vier Freunde von Papa, lauter Hornisten, in unsere Wohnung und die warteten mucksmäuschenstill bis Mama zurückkam. Als sie die Tür aufsperrte, fingen sie in höchster Lautstärke das Blasen an. Das war vielleicht eine Überraschung!

Ein Klavier zu besitzen war in jenen Jahren eine große Ausnahme. Bei uns im Haus hatte der Sohn der Familie Blank eines und es war das Schönste für mich, wenn er mir beim Einschlafen etwa »Die diebische Elster« gespielt hat. Man hörte nämlich alles vom ersten bis hinauf zum dritten Stock ganz genau mit.

Und erst die Hofsänger!

Manchmal sind mehrere am selben Tag gekommen. Ihr Repertoire waren Lieder wie Waldeslust, Fremdenlegionäre, Am

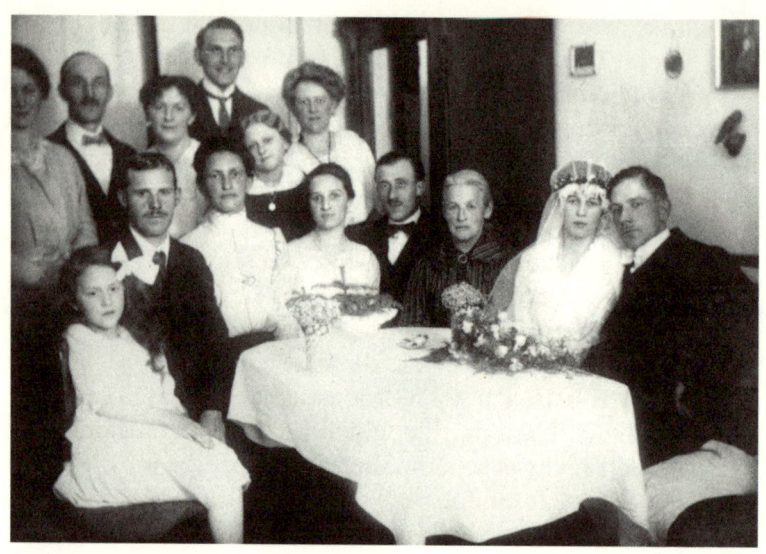

*Hochzeit von Tante Maria und Onkel Karl in der Edelweiß-*
*straße 7 im Jahr 1922; Maria mit großer Schleife*

Elterngrab oder auch Seemannslos. Überall auf dem Balkon
oder an den Fenstern standen die Hausbewohner, tagsüber
natürlich fast nur Frauen, die in Papier eingewickelte Münzen
hinunterwarfen. Wir Kinder waren meistens unten im Hof und
haben die Papierpackerl für die Sänger eingesammelt.

Häufig wurden wir gegen fünf Uhr zum Bierholen geschickt,
damit die Väter gleich eine frische Maß trinken konnten, wenn
sie heimkamen.
Entweder hatten wir einen steinernen Maßkrug oder einen
Drahtkorb, in dem für vier Krüge Platz war. Meistens hat man
»Dreiquartl« verlangt und dann hat's eine knappe Maß gegeben.

Unser Wirt, an der Ecke Edelweißstraße zum Bergsteig hin,
hatte einen kupferbeschlagenen niedrigen Schanktisch, daneben den Banzen und auf einem Bord darüber die kupfernen
»Gazzerln«. Das waren becherartige mit Holzgriff versehene

Maße für Quartl und Halbe. Durch vieles Putzen haben sie immer sehr schön geglänzt.
Damit der Krug auch gut eingeschenkt war, hat der Wirt den Schaum mit einem Holzspachtel weggeschoben und dann noch nachgefüllt.
Von der Straße aus habe ich durch das Schankfenster immer ganz aufmerksam zugeschaut und habe mir so jede Kleinigkeit bis heute gemerkt.

Alle Wirtschaften hatten früher im Hauseingang neben der Küchentür die Schänke. Hat jemand geläutet, dann schob der Wirt die untere Fensterhälfte nach oben, bis sie eingerastet war. Meistens war die Abstellfläche an der Durchreiche auch aus glänzendem Kupfer. Bekam man seinen Krug gefüllt zurück, dann wurde das Fenster wieder heruntergelassen.
Zur Anzapfzeit am Nachmittag sind immer mehrere Kinder und auch Erwachsene angestanden und wenn man frühzeitig da war, dann wurde der Schanktisch gerade weggeschoben und der leere Banzen – ich glaube das waren 200 Liter Fässer – mit dem Aufzug in den geöffneten Kellerschacht hinabgelassen. Dort wurde ein neuer Banzen auf den Aufzug gestellt und vom Wirt im Erdgeschoß mit der Handkurbel am Zahnrad hochgedreht. Als nächstes schlug der Wirt den Messingwechsel mittels eines großen Holzschlegels in den Banzen.
Der erste Schaum wurde aufgefangen, dann am oberen Banzenboden ein Messingventil eingeschlagen und schon ging das Einschenken flott weiter.
So eine Maß vom frisch angezapften Banzen war herrlich und natürlich haben wir Kinder beim Heimtragen den rahmigen Foam vom Krugrand geschleckt.

Meine Tante, die jüngste Halbschwester meines Vaters, hat 1922 geheiratet und da war ich Brautjungfer.
Rechtzeitig musste ich zum Oberlehrer der Pfarrhofschule gehen und um Erlaubnis bitten, dass ich an jenem Samstag frei bekomme. Das war in seiner Privatwohnung in dem schönen Eckhaus in der Aignerstraße.

Wir sind mit dem Taxi zur Trauung nach Schwabing zur Ursula-Kirche gefahren und ich kann mich noch gut erinnern wie stolz ich war, hinter dem Brautpaar her in die Kirche gehen zu dürfen.

Zurück in die Edelweißstraße sind wir auch wieder mit dem Taxi gefahren und das alleine war schon etwas Einmaliges. Die Zeiten waren damals so schwierig, dass viele Menschen verarmt waren. Deshalb hat meine Mutter die Hochzeit für ihre Schwägerin bei uns daheim ausgerichtet.

Wir haben dafür die Wohnung etwas umgeräumt, weil mehrere Gäste auch über Nacht geblieben sind.

Aus unserem Kinderzimmer, das gleichzeitig Wohnzimmer war, wurden die Betten in das Elternschlafzimmer gebracht und so war genügend Platz, um zwei Tische mit Stühlen, die wir von den Nachbarn geliehen hatten, dort für unsere Gäste aufzustellen.

Der Wirt Kain vom Bergsteig hat uns ein Fass Bier in den Gang gestellt und auch das Essgeschirr geliefert, weil wir selbst natürlich nicht so viel hatten.

Was das Essen betrifft, kann ich mich nur noch erinnern, dass Mama einen Riesen-Schweinsbraten und einen ganzen Berg von Knödeln gekocht hat.

Meine Schwester und ich haben schon ein paar Tage vor der Hochzeit, als wir mit den Vorbereitungen anfingen, bei den Eltern im Schlafzimmer geschlafen. Das war zwar etwas eng, aber wir waren damals verhältnismäßig gut dran, weil ich von vielen Kindern in jenen schwierigen Zeiten weiß, dass sie immer zu zweit oder gar zu dritt in einem Bett schlafen mussten. Auch unsere Wohnungseinrichtung war im Vergleich zu vielen anderen recht schön.

Die Trauung meiner Tante hat deshalb in der Ursula-Kirche stattgefunden, weil sie ihr Untermietzimmer in der Schwabinger Herzogstraße hatte und so zu diesem Kirchensprengel gehörte.

Der Bräutigam hatte meines Wissens zuvor meist in einer Kaserne gelebt, weil er bei der Landespolizei gearbeitet hat.

Wenn irgendwo eine Hochzeit war, wusste man dies, weil es den Aushang im Standesamt gab.

So sind immer Musikanten gekommen, die im Haus vor der Wohnungstür ein Ständchen gespielt haben, um sich so ein bisschen Geld zu verdienen.

Auch war es üblich, dass Bettler während des Hochtszeitsessens geläutet und um etwas Essen gebeten haben. Das waren keine Gammler oder Penner, wie man heute sagen würde, sondern wirklich Leute, die ganz einfach Hunger hatten. Schließlich war die damalige Arbeitslosenzeit unvorstellbar schlimm. Meine Mutter hat einem Bettler dann ein Glas Wein und einen Teller von dem Hochzeitsessen in die Küche gestellt.

Sie hat überhaupt jedem, der bei uns geläutet hat, eine Brotzeit oder ein richtiges Essen in der Wohnung gegeben, weil sie meinte:»Also ich weiß nicht, ich kann das einfach nicht, dass ich einem Menschen den Teller Suppe im Treppenhaus auf die Stufe hinstelle.«

Bekannte von uns haben oft gesagt:»Frau Stein, sie werden schon noch merken, wenn mal ein Unhold daherkommt«, aber Mama meinte nur:»Ach woher, mir tut keiner was«, und sie hatte recht, weil ihr tatsächlich nie etwas passiert ist.

Der Bettler bei der Hochzeit sagte zum Schluss;»Mei, geht' s mir heute gut, so was Gutes hab' ich schon lang nicht mehr g'habt!«

# Meine Konfirmation 1925

Konfirmandenunterricht hatte ich in der Kolumbusschule in Untergiesing bei Pfarrer Schübel, der 1923 anfing eine eigene evangelische Gemeinde in Giesing aufzubauen. Er kam damals aus der Johanniskirche an der Preysingstraße in Haidhausen.

Wir waren etwa 20 Mädchen und Buben, die eine Hälfte aus der Pfarrhofschule an der Ichostraße und die andere Hälfte aus der Kolumbusschule.

Eine Frau aus unserer Nachbarschaft nähte mit dem einfachen schwarzen Stoff, den Mama gekauft hatte, mein Konfirmationskleid.

Nur ein Mädchen hatte ein Kleid aus Samt, für alle anderen war dieser Stoff zu teuer. Das war die Tochter eines Bäckermeisters, die derart »luxuriös« ausgestattet war, von uns anderen fast ein bisschen beneidet.

Geschenke wie heutzutage gab es damals nicht zur Konfirmation, nur wurden von Verwandten und Bekannten viele Bildkarten mit Sinnsprüchen oder Abendmahlabbildungen als Glückwunsch geschickt. Das war schon ein ganz besonderer Tag für mich.

Mehr eine Gabe als ein Geschenk war das Gesangbuch, das ich von meiner Mutter bekommen habe, vorne mit einer Widmung von ihr. Aber fast das Schönste war dabei ein Spitzentaschentuch, mit dem ich das Gesangbuch gehalten habe.

Wie für jeden Sonntag wurde der Turnsaal in der Kolumbusschule als Betsaal hergerichtet, weil unsere Martin-Luther-Kirche erst 1927 fertig gebaut war.

Der Konfirmationsgottesdienst hat von 9 Uhr bis etwa 11 Uhr gedauert. Meine Eltern und Betty mussten rechtzeitig für sich Plätze reservieren lassen, weil der Betsaal überfüllt war.

Meine Mutter hat zu diesem Festtag sehr schön ausgeschaut. Sie hatte sich von einer Freundin einen Kreuzfuchs-Pelz ausgeliehen und sich den um die Schultern gelegt.

Nach dem Gottesdienst sind wir gemeinsam den Giesinger Berg hinauf zu uns in die Edelweißstraße zum Mittagessen gegangen.

Mama hatte die Großmutter aus der Au und meinen Zitherlehrer eingeladen und als Tischdekoration gab es einen wunderbar duftenden Narzissenstrauß, extra für diesen besonderen Tag gekauft.

Ich kann mich genau an das Konfirmationsessen erinnern und zwar an einen Rehschlegel in Rahmsoße mit Kapern und Kartoffelpürree. Nachmittags gab's noch Kaffee und selbstge-

*Maria als Konfirmandin 1925*

machten Kuchen und danach bin ich mit Mama zu meinem Onkel in die Au hinuntergegangen, der mir zur Konfirmation 2,50 Reichsmark geschenkt hat. Um fünf Uhr nachmittags war dann nochmal Kirche.

Ob ich die 2,50 Mark in meine Spardose gesteckt habe, weiß ich nicht mehr, nur kann ich mich erinnern, dass Betty und ich einen Steingutapfel und eine Steingutbirne als Sparbüchse hatten, die man zertrümmern musste, wenn man den Inhalt herausholen wollte. Meistens haben wir aber mit einer Stricknadel oder einem Messer die Münzen aus dem Schlitz herausgeangelt, wenn wir selbst jemandem ein Geschenk machen wollten.

Meiner Mutter habe ich zu Weihnachten mal eine Tafel Schokolade geschenkt oder später dann ein Stück Angelotti (eingelegter Aal), den sie sehr gern hatte oder Bergamotte-Likör, den man offen abgefüllt kaufen konnte. Für Papa haben Betty und ich unser Geld zusammengelegt und ihm eine dicke Zigarre mit Bauchbinde gekauft.

Ein Geschenk von mir alleine war manchmal ein »Pfeifenschnürl«, das man ab und zu erneuern musste, damit der kostbare Porzellan-Pfeifenkopf nicht herausfällt. Gleichzeitig war dieses Schnürl eine Zierde und auch zum Aufhängen der Pfeife geeignet.

Jetzt muss ich nochmal auf die Konfirmation zurückkommen um zu erklären, wie das Foto von diesem wichtigem Tag entstanden ist.

Ich wurde gar nicht am Konfirmationstag selbst fotografiert, sondern ein paar Tage später hat mich meine Schwester zu unserem »Haus- und Hof-Fotografen« am Isartor-Platz begleitet. Dieser hatte ein großes Atelier an der Ecke zur Kanalstraße, ganz oben unter dem Dach im 5. Stock. So kam mein schönes Konfirmationskleid mit allem Zubehör zum zweiten Mal zur Geltung. Die Fotos wurden dann an Freunde und Verwandte verschenkt.

Ein Schwager meiner Mutter war »Schnellfotograf«. Solche gab es in den meisten Bierkellern oder Veranstaltungssälen, und so hatte unser angeheirateter Onkel sein Standl im Löwenbräukeller auf der Galerie. Auch im Bürgerbräukeller – neben dem heutigen Gasteig – konnte man die Fotos gleich mitnehmen. Damals hatten nur wenige Leute einen eigenen Fotoapparat und so war das eine gute Gelegenheit, sich Fotos als Erinnerung an Faschingsbälle oder andere schöne Veranstaltungen mit heim zu nehmen.

»Gehobene« Fotografie waren die sogenannten Kabinettbilder, die man im Stehrahmen auf eine Kommode oder eine Konsole gestellt hat und die wurden in einem richtigen Atelier gemacht, wie eben mein Konfirmationsbild.

Mitte der 1920er Jahre sind wir öfters in das Theater im Josephshaus in der Hochstraße in eine Vorstellung gegangen. In diesem Saal haben wir einmal »Der Müller und sein Kind«, ein recht schauriges und tragisches Stück angeschaut. Es war der Allerheiligenstimmung angepasst und wäre für heutige Jugendliche sicher völlig ungeeignet. Aber wir hatten damals eben keine große Auswahl und da war es schön, überhaupt irgend etwas in der Freizeit anschauen zu können.

Etwa in den Jahren zwischen 1925 und 1927 gab es am Sonntagvormittag Filmvorführungen im Gewerkschaftshaus in der Pestalozzistraße. Das war ein schönes Haus aus der Gründerzeit, dort wurden zwar nur Stummfilme gezeigt, aber trotzdem sind wir beiden Schwestern sehr gerne dorthin gegangen. Der Eintritt kostete 30 Pfennig.

Samstags am späten Nachmittag gingen wir mit unserer Mutter manchmal ins Wendelstein-, ins Ohlmüller-, oder Isaria-Kino, wo die Karten auch 30 Pfennig gekostet haben. Mit ganz großer Begeisterung habe ich mir immer »Pat und Patterson«-Filme angeschaut.

Später habe ich dann alle wichtigen damaligen Regisseure und Filmschauspieler vom Namen her gekannt, wie etwa Pola Negri, Fern Andra, Henny Porten, Asta Nilsen, Paul Wegener, Konrad Veit, Gunnar Tolnes, Harry Piel, Fritz Kortner, Gösta Eckmann.

Man konnte damals von den meisten Filmschauspielern Künstlerbilder kaufen und davon habe ich bis heute noch einige aufgehoben.

In den 1960er Jahren war ich von dem Film »Eine Stadt sucht ihren Mörder« so beeindruckt, dass ich ihn mir mehrmals angeschaut habe. Vor ein paar Wochen stand der Film als Hörspiel im Radioprogramm von Bayern 2. An diesem Sonntagnachmittag habe ich es mir extra so eingeteilt, dass ich die ganze Sendung in Ruhe anhören konnte. Dieses heutige Hörspiel hat mich ebenso beeindruckt, wie der Film vor etwa 40 Jahren. Natürlich hat es sich im Aufbau vom damaligen Film unterschieden, aber inhaltlich war es sehr gut getroffen. Dazu kommt, dass ich schon immer eine begeisterte Radiohörerin war und nie einen Fernsehapparat haben wollte. Ich war eben mein ganzes Leben sehr aufs Zuhören eingestellt.

Zur Zeit meiner Konfirmation 1925, wurde ich nach Abschluss der achten Klasse aus der Pfarrhofschule entlassen. Allerdings besuchte ich dann noch zwei Jahre lang die Hauswirtschaftliche Berufsfortbildungsschule. So musste ich später in keine Berufsschule mehr gehen.

In unvergesslicher Erinnerung ist mir ein Unterrichtsgang geblieben, als wir eines Tages in einem Universitätsinstitut in der Nußbaumstraße – diesem schönen Kuppelbau – uns anatomische Präparate in solchen großen verschlossenen Gläsern angeschaut haben, so auch vielerlei Mißbildungen von Föten. Derartige Eindrücke waren in meiner Jugend sehr prägend, weil es noch keine Illustrierten und natürlich kein Fernsehen gab, durch das die heutigen Jugendlichen ständig mit Bildern jeder Art konfrontiert werden und dadurch vielleicht nicht so leicht beeindruckbar sind.

## Ausbildung

Wenn meine Mutter mich in der Schulzeit fragte, was ich mal werden will, dann habe ich so für die Filmschauspielerin Henny Porten geschwärmt, dass ich am liebsten werden wollte wie sie.

Mit 14 Jahren, nach der Konfirmation, habe ich mir Modistin als Beruf vorgestellt, vielleicht angeregt durch meine Mutter

und meine Großmutter, die immer so schöne Hüte getragen haben.
Wir gingen dann zum Arbeitsamt und haben ein Geschäft in der Schwanthalerstraße empfohlen bekommen. Der Besitzer war ein sehr netter Herr, der mich gleich nehmen wollte. Als er mich nach meinem Namen fragte und hörte, dass ich Stein hieße wie er, da fand er es unmöglich mich in die Lehre zu nehmen. Das war schon sehr eigenartig, aber damals habe ich mir darüber keine Gedanken gemacht.
Dann stand eine Anzeige von einem Modistengeschäft in der Schönfeldstraße in der Zeitung und dort wurde ich zur Probe angenommen. Die erste Tätigkeit war, einen Trauerhut aufzutrennen und dann den Speicher aufzuräumen.
Gleichzeitig mit mir hatte ein anderes Lehrmädchen angefangen und am ersten Abend sagte die Inhaberin:»Ich möchte dich schon nehmen, aber die andere ist ein Waisenkind und jetzt weiß ich nicht was ich machen soll, weil ich dich viel lieber behalten würde.«
Als ich das daheim meiner Mutter erzählte, meinte sie:»Da brauchst gar nimmer hingehen, die soll ruhig das arme Waisenmädl nehmen, wir finden schon noch was anderes für dich.«

Nur etwa eine Woche später hat Mama ein Inserat gelesen, dass bei Jacob im Odeon-Musikhaus ein Lehrmädchen gesucht wird. Das war in der Neuhauser-/Ecke Eisenmannstraße neben dem Pschorrbräu. Wir haben uns gleich in die Trambahn gesetzt und dort im Geschäft dem Herrn Jacob meine Zeugnisse gezeigt. Er hat mich sofort genommen und das war dann neun Jahre lang eine sehr glückliche Zeit für mich, bis zum bitteren Ende, von dem ich später noch berichten will.
Das Ehepaar Jacob hatte zwei Kinder, den Sohn Kurt (Jhg. 1910) und die Tochter Gusti (Jhg. 1912), also beide in meinem Alter. Mit allen Familienmitgliedern bin ich über viele Jahrzehnte bis zu ihrem Tod in Verbindung geblieben.
In allen Räumen – den Musiksalons – in denen die Kunden sich die Schallplatten anhören konnten, waren schöne alte

Möbel. Entsprechend vornehm war auch ein gewisser Teil der Kundschaft, wie etwa Mitglieder des Hochadels.

Als Jacobs emigrieren mussten, habe ich von ihnen drei belgische »Gondelstühle« bekommen, von denen heute noch zwei in meiner Wohnung stehen.

In diesen Arbeitsjahren habe ich unendlich viele interessante Menschen kennengelernt, vor allem Musiker, Sänger, Dirigenten und andere Künstler.

Wir waren eher auf klassische Musik eingestellt und da musste ich eine Menge lernen, alles was Komponisten, Noten, Libretti, Instrumente und Musikstücke jeder Art betrifft.

Noch heute weiß ich bei vielen Kompositionen, wenn ich sie im Konzert höre ganz genau, dass jetzt der oder der Satz kommt, den ich immer besonders gemocht habe.

Mein Chef Julius Jacob hatte die Alleinvertretung der Schallplatten von Odeon und Columbia der Firma Lindström AG in Berlin SO 36, Schlesische Straße 26. Das weiß ich heute noch auswendig, weil ich dort oft etwas schriftlich bestellen oder Reklamationen zurückschicken musste.

Meistens bin ich zu meiner Arbeitsstelle in der Neuhauser Straße zu Fuß gegangen, auch in den zwei Stunden Mittagspause habe ich diesen Weg in die Edelweißstraße und wieder zurück gemacht. Er führte mich von daheim den Nockherberg hinunter, weiter durch die Ohlmüller- und Fraunhoferstraße und von der nach links in die Ickstattstraße. Dann habe ich die Müllerstraße überquert und bin weiter durch die Angertor- und Eisenmannstraße zur Neuhauser Straße. Auch zu meinen späteren Arbeitsstellen in den anderen Musikalienhandlungen konnte ich genau den gleichen Weg gehen.

In diesem Zusammenhang kann ich mich erinnern, dass damals manche »Spezialisten« an der langgezogenen Kurve zum Nockherberg hinunter auf die Straßenbahn aufgesprungen sind, um nicht zum Ostfriedhof zur eigentlichen Haltestelle hinaufgehen zu müssen. Einige Trambahnfahrer waren den Leuten wohlgesonnen und sind dann besonders langsam gefahren und der Trambahnschaffner hat sogar das Gitter extra für sie geöffnet!

Ich glaube es war 1929, als ich die erste Aufführung der »Drei-groschen-Oper« gesehen habe und zwar im Schauspielhaus der Kammerspiele in der Maximilianstraße. Das war eine »Dienstsache«, denn Jacobs haben mir die Karte gekauft, weil sie gemerkt haben, dass ich an solchen Dingen interessiert bin und auch, weil sie meinten, ich sollte mich auf diesem Gebiet weiterbilden. Ganz dunkel habe ich in Erinnerung, dass Carola Neher die Jenny gesungen hat. Bei solchen Aufführungen mussten dann im Geschäft möglichst bald die entsprechenden Schallplatten aufliegen. Deshalb habe ich mir im Theater die wichtigsten Lieder gemerkt, um dann zu wissen, welche Platten bestellt werden sollten.

Etwa um diese Zeit kam »Das Weiße Rößl« am Deutschen Theater heraus, Regie führte Hans Gruss, der für diese Art von Revue dem Publikum ein Begriff war.

Es ging bei den verschiedenen Inszenierungen sowohl um musikalische als auch tänzerische Darbietungen, wie etwa »Der persische Markt« vom Komponisten Kettelby oder »Im Klostergarten« und viele andere.

Wir wussten immer, welche Aufführungen bei den Zuschauern angekommen sind, weil sich dann die Schallplatten gut verkauften, bzw. viele Bestellungen aufgenommen wurden.

Neben dem Musikhaus Odeon war der Eingang zur Firma Gummi-Hahn. Nach hinten war ein breiter Gang zum Lager von Hahn und in einer Ausbuchtung war unser Packtisch. Weil ich dort öfters zu tun hatte, habe ich häufig deren Mitarbeiter getroffen.

Einmal meinte einer dieser jüngeren Angestellten, dass er nicht verstehen könne, warum ich nicht verheiratet wäre. Da habe ich ganz schnippisch geantwortet, was mich heute noch wundert, weil das sonst nicht meine Art ist:»Die Guten sind schon alle verheiratet und den Ausschuss, der noch zu haben ist, mag ich nicht!«

Nach meiner Lehrzeit als Musikalien-Fachverkäuferin habe ich immer mehr meine Liebe zur Oper entdeckt, auch fürs Theater und für klassische Konzerte.

Um die Eintrittskarten bezahlen zu können, habe ich mir so oft wie möglich das Trambahngeld gespart und bin von Giesing in die Stadt zu Fuss gelaufen. Eine Fahrt hat 20 Pfennig, der Galerie-Stehplatz in der Oper 80 Pfennig gekostet, während man für einen Galerie-Sitzplatz 1.80 Reichsmark zahlen musste. Ein gewisses Problem war, dass ich zu jener Zeit jahrelang an offenen Beinen gelitten habe und meine Füsse bei langem Stehen so geschwollen sind, dass ich oft möglichst unauffällig aus den Schuhen geschlüpft bin.

Ich war eine begeisterte Anhängerin des großen Dirigenten Knappertsbusch und habe versucht, jede seiner Aufführungen mitzuerleben. Seine Art ruhig und beherrscht zu dirigieren, hat mich sehr beeindruckt.

So versuchte ich immer, Wagners »Ring der Nibelungen« ganz zu sehen, also bin ich drei bis vier Mal im Jahr allein schon in diese Knappertsbusch-Aufführungen gegangen. Wenn der Kammersänger Dr. Julius Pölzer – er war eigentlich studierter Zahnarzt – eine Hauptrolle gesungen hat, war auch ich meist unter seinen Zuhörern. Ich lernte ihn durch meine Arbeit im Musikhaus Odeon kennen und hatte öfters Lieferungen von seinen Bestellungen zu ihm nach Hause zu bringen. Es entstand kein eigentlich freundschaftliches Verhältnis sondern eher eines wie zwischen Lehrer und Schülerin. Durch ihn habe ich enorm viel gelernt und bin ihm bis heute dafür dankbar. Er starb relativ früh in Wien, doch lebt er durch seine zahlreichen Briefe an mich irgendwie weiter in mir.

Um Karten für den »Ring« zu bekommen, sind meine Schwester und ich schon ab Mitternacht an der Vorverkaufskasse angestanden, das war auf dem Vorplatz im Eck beim Residenztheater.

Ab 8 Uhr morgens war der Vorraum geöffnet. In den langen Stunden davor hat man sich mit den anderen Wartenden abgewechselt, ist ums Karree spaziert oder hat einen Kaffee getrunken, wenn das Café für die Droschkenkutscher und andere Früharbeiter um 4 Uhr öffnete. Jeder hat für den preiswerten Galerie-Mittelplatz nur eine Karte bekommen, deswegen mussten wir zu zweit anstehen.

Nicht nur, weil er billiger war, bin ich bei den anderen Aufführungen meistens auf den Stehplatz gegangen, sondern auch, weil man für diesen oft noch an der Abendkasse eine Karte bekommen hat.

Manchmal hat ein Logendiener, der seine Leute schon kannte, irgendwo einen freien Sitzplatz gehabt, sodass ich meine Samtpumps anlassen konnte, wenn »Tristan« oder »Götterdämmerung« aufgeführt wurde!

Gegen Schluss des meist langen Applaus' sind wir mit einigen ebenso Begeisterten einen »Schleichweg«, das war über eine Hintertreppe, zum ersten Rang in die Nähe der Bühne gesaust und haben so lange geklatscht bis sich das Türl im eisernen Bühnenvorhang nochmal für die Hauptdarsteller geöffnet hat.

Wenn ich so überlege, könnte ich Dutzende von Opern nennen, die heute gar nicht mehr aufgeführt werden. Und die Namen von Sängern und Sängerinnen würden nur so aus meinem Kopf purzeln, die damals am Nationaltheater fest angestellt waren, auch die Solisten.

Bei Joseph Rühr, einem rothaarigen Hünen, war lustig, dass ich bei einer Schallplattenzustellung in seiner Wohnung in der Prinzregentenstraße feststellte, dass seine Diele genauso rot tapeziert war.

Im »Dritten Reich«, gegen Ende der 1930er Jahre, ist mal vor Beginn der Oper ein Mann vor den Vorhang getreten um bekanntzugeben, dass erst eine Rede von Hitler übertragen wird. Man musste also brav sitzen bleiben und sich das anhören. Mit der großen Verspätung von eineinhalb Stunden hat schließlich die Oper angefangen und wir kamen erst nach Mitternacht aus dem Nationaltheater. Ausgerechnet an diesem Abend war meine Mutter dabei und meinte hinterher recht verärgert, dass sie eigentlich nicht in die Oper gehen wollte um sich dort den Hitler anhören zu müssen!

Bis in den Zweiten Weltkrieg hinein gab es einige Konzertsäle in München, die heute nicht mehr existieren, wie etwa die Tonhalle oder die Keimsäle in der Türken-/Ecke Prinz-Ludwig-Straße oder den Akademiesaal in der ehemaligen Bayerischen Vereinsbank, mit einem prachtvollen Treppenhaus. Im Odeon gab Lotte Lehmann einen Liederabend als Abschiedsvorstellung, bevor sie emigrieren musste. Im April 1939 erfuhr ich dann durch Post von Jacobs aus Sydney, dass mehrere Konzerte von Lotte Lehmann dort plakatiert waren. Den Pianisten Walther Gieseking habe ich als ganz jungen Mann mal im Spiegelsaal des Bayerischen Hofs gehört.

Meine Mutter und meine Schwester waren begeisterte Tänzerinnen, sodass sie häufig im Josephsaal, im Bürgerbräu-Keller oder anderen Brauhaussälen zu Bällen gegangen sind, wie dem Gärtnerball, Metzgerball oder Wiener Walzerball. Dabei meinte meine Mutter mal zu Betty:»Sag' fei nix von der Mama, sondern dass ich deine Schwester bin!«

Im Jahr 1935 fragte mich eines Tages eine Kundin im Geschäft, ob ich mit ihrer Tochter zum Staatsopernball gehen wolle. Sie wusste von meiner Opernbegeisterung und dass ich viele Künstler kenne. Meine Mutter hat dann die Karten für meine Schwester und mich besorgt, pro Stück zu 6 Reichsmark. Betty ging als Ungarin und ich als Spanierin.
Viele Schauspieler und Opernsänger waren dort, wir haben getanzt und uns amüsiert bis sieben Uhr in der Früh, sind dann heim um uns umzuziehen und dann gleich wieder ins Geschäft gegangen.
Dieser Staatsopernball fand immer in den Cherubin-Sälen im Hotel Vierjahreszeiten statt. Als ich gerade mal an unserem Tisch saß, kam Minister Hans Schemm vorbei – das war der erste Kultusminister unter Hitler – hob meinen roten Schleier hoch und meinte:»Ohne Schleier bist du doch viel schöner!«
In der Faschingszeit haben wir früher öfters auch bei uns zu Hause in der Wohnung gefeiert, so richtig mit Dekoration und Tanzen im langen Gang.

Ich habe damals in der Zeit vor dem Zweiten Weltkrieg etwa 90 Reichsmark verdient, was verhältnismäßig viel war. Für einfache Schuhe musste man ungefähr 9 Reichsmark zahlen.

Unseren Verdienst haben meine Schwester und ich immer daheim abgegeben. Es war ganz normal, dass Mama alles verwaltet hat. Wir bekamen ein bestimmtes Taschengeld und wenn wir mehr gebraucht haben, etwa zum Ausgehen oder um uns ein Kleid zu kaufen, dann haben wir es ihr gesagt.

Mama hat immer sehr sparsam gewirtschaftet und so konnten wir schon lange vor den anderen Leuten in Urlaub fahren.

*Maria als »Carmen« im Fasching 1934*

Nach der schlimmen Grippe-Epidemie 1920 waren wir zur Erholung bei unserem Onkel Bischoff, dem Vater von Konrad, in Lindau-Aeschach. Unsere Mutter hatte vorher durch die schwere Grippe 35 Pfund abgenommen und ist nur schwer wieder auf die Beine gekommen.

Nachdem ich 1927 ausgelernt hatte, wurden Betty und ich allein in Urlaub zu den Verwandten nach Lindau geschickt. Da hat uns Mama so viel Geld mitgegeben, dass wir Ausflüge machen und zum Essen gehen konnten.

Später haben wir Schwestern uns dann selber Privatquartiere gesucht, z.B. in Nonnenhorn oder weiter unten am Bodensee. Auch mit den Eltern zusammen haben wir einige Male solche Urlaube in einer Frühstückspension in der Überlinger Gegend gemacht.

# Vertreibung der Familie Jacob

*Gusti Jacob in der Fürstenfeldstr. 10/III 1933 mit 21 Jahren*

Ich war also seit 1929 im Odeon-Musikhaus fest angestellt und schon ab 1933, gleich nach der Machtergreifung durch Adolf Hitler, habe ich die schrecklichen Jahre der Boykotte gegen jüdische Geschäfte miterlebt. Eines Samstags, ungefähr im Herbst 1935, wollte ich in der Früh ins Musikhaus, aber zu meinem Erschrecken stand in der Tür ein SA-Mann und der ließ niemand hinein. Als ich ihm sagte, dass ich dort arbeiten würde, erlaubte er mir schließlich den Zutritt.

In den Räumen war Blut verspritzt und meine Chefs standen leichenblass und stumm da.

Nun erfuhr ich, dass kurz zuvor ein Stammkunde, unglücklicherweise ein SA-Mitglied, im Musikhaus Odeon einkaufen wollte. Da bereits durch die neuen Machthaber dazu aufgerufen worden war, jüdische Geschäfte zu boykottieren, haben diese Leute von der SA-Wache ihr eigenes Mitglied auf übelste Weise misshandelt und unseren Stammkunden buchstäblich aus dem Geschäft hinaus geprügelt.

Trotz des Boykotts gegen jüdische Geschäfte sind immer noch erstaunlich viele Kunden zu uns gekommen, jedenfalls in der ersten Zeit. Manchmal wollten sie gar nichts kaufen, sondern nur den Machthabern zeigen, dass sie jetzt erst recht in diese Geschäfte gehen und sich nicht einschüchtern lassen. Solche Menschen, die zu Jacobs gehalten haben, hat es schon gegeben, aber leider waren es insgesamt viel zu wenige, die den Mut dazu hatten.

*Maria vor der alten Maxburg beim Lenbachplatz 1935*

Durch den jahrelangen Boykott drohte der Familie Jacob 1936 der Konkurs. Sie mussten ihr Geschäft in der Neuhauser Straße aufgeben und in einen viel kleineren Laden in der Sendlinger Straße umziehen, mit mir als einziger verbliebener Verkäuferin. Vorher waren wir zehn Verkäufer und Angestellte im Büro und im Versand.

Auch mein Leben wurde nun stark verändert, viele private Kontakte fielen weg. Gerade durch die Kammermusik hatte ich Verbindung zu all den mit Jacobs befreundeten Musikern und ich war bei Hauskonzerten und anderen gesellschaftlichen Anlässen immer wie eine Tochter mit einbezogen. Durch meine freundschaftliche Beziehung zur Familie Jacob haben auch meine Eltern, so gut es eben unter den damaligen Verhältnissen ging, ihnen vielfach geholfen. So hat mein Vater beim erzwungenen Umzug in die Sendlinger Straße mitgeholfen und sich nützlich gemacht, wo immer er konnte.

Bereits im Juni 1936, das steht so in meinem »Arbeitsbuch«, erschien ein von den Nazis eingesetzter Herr Hainz als Konkursverwalter bei uns im Geschäft und läutete das Ende der beruflichen Laufbahn und den tragischen Umbruch im Leben der Familie Jacob ein.

Ich wurde von diesem nationalsozialistischen Parteimitglied ausbezahlt und musste mir schweren Herzens eine neue Stelle suchen.

Kurt Jacob, der Sohn meines vormaligen Chefs, war 1937 nach Australien gereist, um ein Exportgeschäft mit deutschen Musikinstrumenten in Sydney aufzubauen. Durch die prekäre Situation in Deutschland beschloss er, nicht mehr für ganz nach Hause zurückzukehren, sondern sich mit seiner jungen Frau, einer Münchner Jüdin, in Australien niederzulassen.

Ein besonderer Freund von Kurt Jacob war auch der um 6 Jahre ältere Georg Neuner, genannt Schorl. Er kam deshalb häufig zu uns ins Musikhaus Odeon, weil er von jung an auf der Suche nach ausgefallenen Musikinstrumenten war. Einfach alles, auch Instrumente aus der ganzen Welt, nur keine Blechblasinstrumente, hat er gesammelt. Darunter waren viele ganz ungewöhnliche Teile, wie Elfenbeinhörner aus Afrika oder mexikanische Gefäßflöten aus Stein und auch kostbare Schweizer Spieluhren.

All das ist heute eine berühmte Sammlung, die Schorl Neuner bereits 1940 der Stadt München vermacht hat. Er spielte selbst Violoncello, Klavier und Orgel und konnte sich all diese schönen Dinge leisten, weil er aus einer vermögenden Münchner Familie (Pralinenfabrikation) stammte. Schorl war ein überzeugter Anti-Nazi, vielleicht ein bisschen der Typ eines Karl

Valentin. Aus jener Zeit stammt sein tiefsinniger Satz »Das Vaterland wäre schon recht, aber die anderen haben halt auch eins!«

Heute ist seine Sammlung, zusammen mit den Musikinstrumenten des Bayerischen Nationalmuseums und denen des Münchner Stadtmuseums, in letzterem zu besichtigen.

Gleich nach der Reichspogromnacht am 9. November 1938 (»Kristallnacht«) hat die SA die Privatwohnung von Jacobs in der Fürstenfelder Straße 10 durchsucht (das Haus an der Ecke zur Sendlinger Straße hat den Krieg unbeschadet überstanden) und sich alle Wertgegenstände angeeignet, vor allem Silber und Schmuck und auch jeden Winkel nach eventuell verstecktem Geld durchleuchtet. Nur ihre Eheringe durften Herr und Frau Jacob behalten.

Diese Ungeheuerlichkeit zeigte Jacobs, dass sie nun den traurigen Weg in die Emigration gehen mussten.

Mitnehmen durften sie, was in eine große containerartige Kiste hineinpasste, eben das Lebensnotwendigste. Dazu gehörten Kleidung, Wäsche, einige Bettsachen und etwas Geschirr und Besteck. Soviel ich weiß, konnten sie von ihren Möbeln nur einige kleinere Stühle einpacken.

Meine Mutter hat es damals noch geschafft, die schönen Schlafzimmermöbel von Jacobs im Auftrag zu verkaufen, wenn auch lediglich für 40 Reichsmark.


Ein großer Helfer in der Not war damals Gerhard Herbst, ein junger Grafiker und Dekorateur, der sich sehr eng mit dem gleichaltrigen Kurt Jacob angefreundet hatte und auch mit der Firma Jacob zusammenarbeitete.

Er hielt wiederholt gefährdete Münchner Juden für ein paar Nächte in seiner Wohnung in der Corneliusstraße versteckt, so auch meines Wissens nach Vater Julius Jacob und Sohn Kurt schon 1935, weil nach einer SA-Razzia die Männer immer am meisten gefährdet waren.

Auch hat Gert dazu beigetragen, dass die NS-Machthaber gegen Ende 1938 den Jacobs die Ausreisegenehmigung erteilt

*Gerhard Herbst aus Melbourne zu Besuch in der Edelweißstraße,
September 1987*

haben und durch seine Mithilfe die Reisekosten nach Australien bezahlt werden konnten, wo Sohn Kurt bereits lebte. Dessen junge Frau Resl, die er 1937 in München geheiratet hatte,
ist bereits kurze Zeit später in Sydney gestorben, ein weiterer
schlimmer Schicksalsschlag für die Familie.
Wie bei fast jeder Vertreibung Münchner Juden waren auch
Jacobs nun völlig verarmt, weil ihr gesamtes Vermögen eingezogen wurde.

Gerhard Herbst war protestantisch und ursprünglich Mitglied
der Sozialistischen Jugendbewegung. Er wurde schon bald
wegen seiner politischen Einstellung im Polizeipräsidium in
der Ettstraße und sogar im Cornelius-Gefängnis und in Stadelheim kurzzeitig festgesetzt und war nun zusätzlich stark
gefährdet. Er flüchtete ebenfalls nach Australien und traf im
Mai 1939 in Sydney wieder mit der Familie Jacob zusammen.
Gert ist bis heute mein eifrigster Briefpartner, nicht nur

wegen des gleichen Alters, sondern weil er der einzige noch Lebende aus diesem damals so besonderen Freundeskreis ist. Früher kam er alljährlich zu Besuch nach München, meist im November, aber nun wird er das wohl nicht mehr schaffen, weil er schließlich auch schon 92 Jahre geworden ist.

Kürzlich erhielt ich aus Melbourne, wo er heute lebt, einen ganzseitigen Zeitungsartikel über ihn, sogar mit zwei Fotos, eines als junger Mann und eines von jetzt. Dadurch erfuhr ich, dass er in den letzten Jahren in Australien verschiedene hohe Auszeichnungen erhalten hat.

Gert wurde geehrt als der bedeutendste Textildesigner des Landes, als Schriftsteller und vor allem im Jahr 1995 als einer der »Aufrechtesten unter den Völkern« (one of the »Righteous Among the Nations«) für seinen Beitrag zur Rettung der Familie Jacob.

Frau Berta Jacob starb schon zwei Jahre nach der Ankunft in Australien 1941 an Krebs, ihr Mann Mitte der 1960er Jahre, die Tochter Gusti 1991 nach langem psychischem Leiden, bereits in den 1930er Jahren ausgelöst durch die nationalsozialistische Judenverfolgung.

Kurt starb Mitte der 1990er Jahre. Er war mit dem einzigen Nachkommen der Familie Jacob, seinem Sohn Peter, vor Jahren einmal bei mir zu Besuch in der Edelweißstraße. Peter ist seinem Vater nachgeschlagen und arbeitet als Musiker, während einer der beiden Söhne von Gerhard Herbst Dirigent geworden ist.

Mein ganzes Leben werde ich nicht vergessen, wie schrecklich Ende 1938 der Abschied von der Familie Jacob war. Mutter Berta hat mich ganz fest in die Arme genommen und so geweint, dass sie gar nicht sprechen konnte. Auch ich brachte kein Wort heraus, ich war wie versteinert.

Eine besondere Episode, die aus meiner Arbeitszeit im Musikhaus Odeon stammt, möchte ich noch kurz erzählen.

Ein Herr mittleren Alters war Stammkunde bei uns, ein Kunstmaler aus der Viktor-Scheffel-Straße in Schwabing. Ich weiß nicht, was dann aus ihm geworden ist, aber eines Tages erzählte mir mein Chef Julius Jacob, dass dieser Maler ihn mal gefragt hätte, ob ich für ihn Modellsitzen würde, weil er eine Madonna malen wollte. Ich trug meine dunklen Haare über die Jahre immer hochgesteckt, was damals für eine junge Frau eher unüblich war, aber das hat dem Maler wohl gefallen. Auch wurde ich manchmal für eine Tochter der Familie Jacob gehalten. Ich habe keine Ahnung, warum dieser Herr sich nicht getraut hat mich direkt zu fragen, ob er von mir ein Portrait malen darf. Vielleicht war es ihm zu gefährlich, eine Mitarbeiterin aus einem jüdischen Geschäft zu portraitieren? So habe ich nie sein Atelier in Schwabing kennengelernt.

## Brief aus der Emigration

*Auszug aus einem langen Bericht von Gusti Jacob*

Sydney 19. März 1939
Abfahrt aus München 14. Januar 1939
Drei Tage in London bei Verwandten
In Southampton am 18. Januar Abfahrt der »Manhattan«
(900 Passagiere, davon 500 Auswanderer)
Ankunft in New York am 07. Februar. Die dort schon seit einem Jahr lebenden Verwandten mussten 1.500 Dollar als Sicherheit hinterlegen, dass wir bis 9. Februar 1939 die USA wieder verlassen, um einer Abschiebung zu entgehen.
Vom 9. auf 10. Februar sitzen wir im Zug nach Montreal, sehr kalt!
»Eiskörndl hat's g'schnieben!«
Auf Ämtern sehr freundlich, jiddisch begrüßt worden.
In jeder Stadt von dort ansässigen jüdischen Bürgern, häufig Mitgliedern der Loge »Bne Brith«, bestens versorgt worden.
Weiterfahrt mit der Bahn durch ganz Kanada von Ost nach West, über Winnipeg – »da war's so kalt, da hat's mir's G'sicht zammzogen« – nach Vancouver.

Dort hat uns der Blick auf und in die »Niagara« sehr enttäuscht, aber gefahren ist das Schiff ganz fabelhaft. Fahrt nach Victoria durch das Binnenmeer. Allerbeste Verpflegung auf dem Schiff. In Honolulu war es schon recht warm. Bei der Ankunft in Suva/Fiji war's bereits drückend heiß. Autofahrt über die Insel gemacht. Nach 10 Minuten Fahrt »ist mir meine Brill'n in zwei Teilen ins G'sicht g'hupft, wir habn's dann mit einem Schnürl z'ammbunden, ich hab dann ein bissl g'schiagelt.....«

In Auckland/Neuseeland haben uns Kurts Freunde am Schiff abgeholt, eine Berliner Zahnarztfamilie, die vor zwei Jahren dorthin emigriert ist. Bei einer Abendeinladung der dortigen jüdischen Gemeinde trafen wir viele polnische und russische Flüchtlinge. Sie sprachen jiddisch und waren höchst erstaunt, weil wir's nicht konnten.

Gegen Schluss unserer Schiffsreise hat's uns allen ein bissl leid getan, dass die schönen Wochen so schnell vorbei waren, und erst hatte ich mich gefürchtet vor der langen Reise!

Am 11. März 1939 sind wir morgens um 8 Uhr in Sydney angekommen. Wir wurden von meinem Bruder Kurt und Verwandten abgeholt und in unsere möblierte 3-Zimmer-Wohnung gebracht, die Kurt uns besorgt hatte. Diese war komplett ausgestattet mit Möbeln, Geschirr, Besteck und Kochtöpfen aller Art. Außerdem waren wir von dort in fünf Minuten am Meer.

Hoffentlich kommen unsere Sachen aus München bald, weil das Eigene halt immer schöner ist.

Vater und ich haben uns in einer jüdischen Abendschule angemeldet und auf dem Arbeitsamt waren wir auch schon.

Sydney gefällt mir, nur ist's noch sehr heiß, obwohl es schon Herbst ist. Alles ist feucht, sogar die Betten, das ist weniger schön.

Gert (= Freund Gerhard Herbst aus München) schwimmt schon, soll Mitte April hier eintreffen, es haben sich aber inzwischen Schwierigkeiten ergeben, hoffentlich geht alles glatt ...                                  *Gusti Jacob*

... wir hatten eine wundervolle Fahrt, haben viel Schönes und Interessantes gesehen und fangen jetzt an, uns in Australien einzuleben. Es ist sehr schön hier. Nun wird fest Englisch gelernt, und wenn wir erstmal eine entsprechende Beschäftigung haben, werden wir restlos zufrieden sein ...

*Julius Jacob*

Wenn ich heute diesen langen Bericht lese, dann merkt man gar nichts von der traurigen Emigrantenstimmung. Ob Jacobs vielleicht wegen einer drohenden Zensur so tun mussten, als ob sie freiwillig ausgereist wären?

Bereits zwei Monate nach dem erzwungenen Ende meiner Arbeitszeit im Musikhaus Odeon im April 1936, konnte ich in der Notenabteilung im ältesten Musikhaus Münchens weiterarbeiten. Das war der Hoflieferant Sigmund Koch in der Neuhauser Straße 50, dem heutigen Haus von Betten Rid. Herr Koch war zwar auch Jude, sein Geschäft haben die Nationalsozialisten aber noch zwei Jahre geduldet, weil er als Hoflieferant viele wichtige Verbindungen hatte. Er hat dann von sich aus Deutschland verlassen und ist nach New York emigriert.
Herr Koch war ein liebenswürdiger Chef, aber ein etwas schrulliger Junggeselle. Bei ihm hatte ich einen sehr netten Kollegen, den Schorsch Geiger, der Radioverkäufer war. Es gab damals noch keinen Radio- oder Elektrohandel wie heutzutage, sondern die Radioapparate wurden durch manche Musikalienhandlungen vertrieben.
Schorsch war ein Bergfex, ehrenamtlich bei der Bergwacht im Oberland, und außerdem ein hervorragender Zeichner.
Ein lustiger Tag war der Faschingsdienstag, weil wir da kostümiert bis mittags gearbeitet haben und dann hat unser Chef uns mit Brotzeitgeld ausgestattet, damit wir gegenüber im Pschorrbräu noch ein bisschen weiterfeiern konnten.

Da ich immer eher für ältere Männer geschwärmt habe, weil ich meinte, man müsste zu einem Mann so richtig aufschauen können, war der etwas jüngere Schorsch einfach ein ganz

*Musikhaus Sigmund Koch, Neuhauserstraße 50, vor der »Reichskristallnacht« am 9. November 1938*

guter Kumpel für mich. Wir haben uns Briefe und Karten geschrieben wie er im Zweiten Weltkrieg als Soldat eingezogen worden war und da hat er mich immer mit »Servus Marerl!« angeredet. Auch hat er seine Post mit schönen Landschaftszeichnungen und Ähnlichem verziert.

Einmal kam Schorsch noch aus Norwegen auf Heimaturlaub zu seiner Mutter nach München und da hat er auch bei uns in der Edelweißstraße einen Besuch gemacht. Wenig später ist er schwer verwundet worden und kam in ein Lazarett in der Gegend von Bremerhaven, wo er ganz bald gestorben ist.

Als er sich damals bei uns verabschiedet hat, meinte der sonst so lustige Schorsch ganz ernst: »Wenn ich 'nimmer komm', dann hat der Hintern für immer Urlaub.« Seinen letzten Brief von der Front von 1941 und eine Zeichnung dazu habe ich bis heute aufbewahrt.

Nachdem Herr Koch ebenfalls emigriert war, konnte ich ab August 1938 bis zum Ende des Zweiten Weltkriegs bei Musik-Lindberg in der Kaufinger Straße 10 arbeiten.

*Maria an ihrer Arbeitsstelle bei Lindberg 1942*

An keiner meiner späteren Stellen als Musik-Fachverkäuferin habe ich je wieder eine solch wunderbare persönliche Atmosphäre empfunden, wie ich sie im Geschäft von Julius Jacob während meiner Lehre und in den Jahren danach erlebte, also von 1927 bis 1936.

Lindberg war keinen Repressalien durch die Nazi-Diktatur ausgesetzt, weil mein Chef Mitglied der NSDAP (Nationalsozialistische Deutsche Arbeiterpartei) war. Entsprechend waren auch viele der Mitarbeiter eingestellt, sodass ich immer vorsichtig sein musste, mit wem ich über was geredet habe.

Es gab natürlich schon recht liebe Kollegen und Kolleginnen, vor allem eine habe ich besonders gemocht. Um so größer war meine Enttäuschung als sie sehr ausfallend gegen mich wurde. Im Büro hing eine große Europalandkarte und als mal wieder ein sogenannter »Hitler-Sieg« gemeldet wurde, stand ich vor dieser Landkarte und meinte:»Mei, das kleine Deutschland und das riesengroße Russland!« Da sagte die vermeintlich nette Kollegin ganz spöttisch:»Was woll'n denn sie, sie Kommunistenweib.«

Natürlich war ich tief getroffen, habe mich aber nicht getraut etwas zu erwidern. Man hat in der gesamten Nazizeit schließlich immer auf der Hut sein müssen, um möglichst kein falsches Wort zu sagen.

In der Packerei bei Lindberg arbeitete ein älterer Mann, wir nannten ihn den »Riedl-Vater«, der war ein ganz lieber Mensch, zu dem ich Vertrauen hatte und er war der Einzige, bei dem ich mir hundertprozentig sicher war, dass er mich nicht hinhängen würde.

# Fliegerwache

Als es im Zweiten Weltkrieg mit den Fliegerangriffen anfing, wurden die Angestellten der Geschäfte in der Münchner Innenstadt zur »Nachtwache« verpflichtet, d.h. man musste Fliegerwache halten, um gleich melden zu können, wenn es im Gebäude einen Brandherd gab.

Das ging reihum, wir wurden dazu eingeteilt. Als Luftschutzkeller diente ein eigentlich ganz normaler Keller, in dem ein paar Sandsäcke herumlagen. Außerdem gab es einen Kübel mit Wasser und eine »Feuerpatsche« – einfach lächerlich.

Ich kann mich gut erinnern, dass ich eines nachts in diesem Keller die Nazi-Propagandameldung vom »gelungenen« Bombenangriff auf Coventry gehört habe. Wir hatten nun noch mehr Angst als sowieso schon, weil zu befürchten war, dass England mit den schlimmsten Bombardierungen zurückschlagen würde.

Mein Vater war damals bei Kathreiner beschäftigt und wurde genauso zur Fliegerwache eingeteilt. So war die Familie bei Bombenangriffen nur ganz selten im Keller in der Edelweißstraße vereint.

Bei Fliegeralarm während der Arbeitszeit mussten wir von Lindberg aus in den Hochbunker in der Hotterstraße rennen. In diesem habe ich den entsetzlichen Angriff miterlebt, bei dem das Verlagsgebäude der »Münchner Neuesten Nachrichten« – heute Süddeutsche Zeitung – zerstört wurde.

Ich kam mir vor wie in einem hohlen Zahn hockend, den der Zahnarzt gerade zieht, erst drückt er runter, dann knirscht es und dann reißt er hoch.

Noch heute sehe ich vor mir, wie ich auf dem Boden liege, meinen Kopf vor lauter Angst in den Schoss eines wildfremden Mannes gepresst und eingerollt wie ein Häufchen Elend. Durch die schmalen Schlitze in den dicken Wänden des Betonbunkers hat es Schwefelgestank, Sand und Staub hereingedrückt.

Nach dem Bombenangriff stellten wir fest, dass durch den enormen Explosionsdruck die schwere verrammelte Eisentür des Hochbunkers ausgefranst war wie eine dünne Konservendose.

Rings außenherum um den Bunker waren riesige Trichter, die Einschläge, die ihn so haben schwanken lassen, dass wir meinten, es würde uns mit ihm zusammen in die Höhe reißen.

Bei Wahlen im Dritten Reich (1933-1945) konnte man an unserem Haus in der Edelweißstraße 7 immer ablesen, wie stark die gefälscht wurden. Unser Wahllokal war schräg gegenüber und ich kann mich an eine Wahl erinnern, bei der es angeblich nur zwei Gegenstimmen gegeben haben soll. Dabei haben sowohl in unserem Haus als auch in der ganzen Gegend viele Sozialdemokraten gelebt. Und wir in unserer Familie waren allein schon vier! Alle haben vom Wahlschwindel gewusst, aber niemand durfte es laut sagen. Jeder hatte eben Angst davor, womöglich im Konzentrationslager Dachau zu landen.

Schon zu Beginn des Zweiten Weltkrieges 1939 fingen die Sammlungen für das »Winterhilfswerk« an. Jedes Haus hatte einen Blockwart, den »Goldfasan«, der wegen der Farbe seiner Uniform so genannt wurde. Der unsrige hatte zwei halbwüchsige Töchter. Die Sammlung war immer sonntags und die beiden Mädchen haben regelmäßig zur Mittagszeit bei uns geläu-

*Blick aus der Edelweißstraße zur zerstörten Gärtnerei Stöberl,
Ecke Emmeramstraße, gegenüber das »Hohe Haus«, oberhalb des
Salvatorkellers, September 1944*

tet. Sie sind mit einem lauten »Heil Hitler, Herr Stein« in die
Küche hereingekommen. Mein Vater hat nur mit »ja, ja, ist
schon recht, ist schon recht« zurückgegrüßt, denn er hätte
nicht um alles in der Welt »Heil Hitler« gesagt. Schließlich war
er ein alter Sozi.

Diese Sammlungen hatten nichts mit dem Winter zu tun, sie fanden das ganze Jahr über statt. Sogar in Venezuela wurde in der Deutschen Kolonie dafür gesammelt, wie mein Vetter Konrad uns berichtete.

Das Naziregime hielt in den Jahren vor dem Zweiten Weltkrieg die Menschen mit verschiedenen Einrichtungen für ihre Freizeit recht geschickt bei Laune. So gab es den KdF (»Kraft durch Freude«), mit dem man schöne Erholungsreisen machen konnte, z.b. Moselfahrten und Ähnliches. Das hat die Leute so begeistert, dass sie nicht merkten, was hinter allem steckte. Ich habe keine dieser Reisen mitgemacht, das hätte mein Vater nie zugelassen.

Nur in der Kleidung habe ich mich ein bisschen an die des BDM (»Bund Deutscher Mädchen«) angelehnt, weil ich die so adrett fand. Ich wurde nie zum BDM oder zum Arbeitsdienst eingezogen, weil ich in die jeweiligen Altersgruppen nicht mehr hineinpasste.

In den Jahren vor dem Zweiten Weltkrieg hat man in Giesing, der »roten Hochburg«, noch nicht gar so viel vom Nationalsozialismus gespürt. Jüdische Geschäfte gab es kaum, und wenn dann sind sie eines Tages ganz lautlos verschwunden und niemand hat sich groß gekümmert warum.

Man konnte gar nicht erfahren, wo die Leute hingekommen sind oder man wollte es nicht, weil jeder seine eigene Haut retten wollte. Man hat sich vorgemacht, dass es ein Umzug war, wenn man die Leute nicht genauer gekannt hatte.

Die Einstellung der Menschen in München war natürlich sehr unterschiedlich. Auch Frauen von Soldaten, die auf Heimaturlaub waren, haben durch ihre Männer von Massenerschießungen bei der Wehrmacht gehört, aber manche meinten dann nur: »Ach, was denn, das sind doch nur Russen.«

Ein Verwandter der Gärtnerei Stöberl, bei uns an der Ecke Edelweißstraße, kam mal von der Front aus Polen oder Russland auf Heimaturlaub und erzählte, dass die SS Juden erschossen und dann in ein Massengrab hineingeschaufelt hat. Danach hätte sich noch stundenlang die Erde gerührt.

*Die schweren Bombenschäden in der Edelweißstraße 5, 7, und 9 im September 1944*

Ein paar Tage später musste ich deswegen in meiner Arbeitsstelle bei Lindberg in der Mittagspause weinen. Eine Kollegin, die Hitleranhängerin war – ihr Vater war in Niederbayern ein Nazi-Amtswalter – fragte mich, was ich denn hätte.

Ich habe ihr von den Massengräbern erzählt und da ist sie ganz außer sich geraten und hat immer wieder gemeint: »Nein, das gibt es nicht, das darf nicht sein, das kann es nicht geben.« Sie ist wirklich im guten Glauben gewesen, dass so etwas unter Hitler niemals möglich wäre.

Eines Morgens, als ich nach einem nächtlichen Fliegerangriff in die Neuhauser Straße zur Arbeit gehen wollte, war vom Lindberg-Hauptgeschäft einfach nichts mehr da. So mussten wir auf die anderen Filialen ausweichen, aber auch bei denen wurde es immer gefährlicher, weil es zunehmend Fliegerangriffe am Tag gab. Bei Voralarm bin ich dann mit hängender Zunge in die Edelweißstraße heimgerannt, denn die Straßenbahn durfte bei Fliegeralarm nicht fahren. Ich wollte meine Mutter nicht alleine im Keller sitzen lassen, denn meine Schwester musste in ihrer Arbeitsstelle bei Oberpollinger in den Luftschutzkeller und mein Vater bei Kathreiner. Bei Voralarm, d.h. wenn Bombengeschwader im Anflug waren, wurde im Radio der »Kuckuck« gesendet. Eine Nachbarin in der Edelweißstraße 3 hatte damals als eine der Wenigen einen Volksempfänger (Radioapparat) und wenn sie das Kuckucks-Zeichen hörte, hat sie ganz laut »der Kuckuck« durch den Hof gerufen, damit ringsherum in den Wohnblocks die Menschen Bescheid wussten.

Von anderen Nachbarn, die auch ein Radio hatten, weiß ich, dass sie samt Apparat mit den Köpfen unter eine Decke geschlüpft sind, wenn sie einen ausländischen Sender hören wollten. Das war streng verboten und unter Umständen stand darauf sogar die Todesstrafe.

Einmal hat die Untermieterin dieser Nachbarn, eine ältere Dame, ganz unbekümmert herumerzählt, dass ihre Vermieter ausländische Sender hören würden. Da ist doch tatsächlich die Gestapo gekommen und hat die Vermieterin zum Verhör ins Wittelsbacher Palais abgeholt. Sie war wohl nicht auf den Mund gefallen und konnte sich irgendwie herausreden, sodass sie wieder freigelassen wurde.

Der Sohn des Schusters Früh bei uns im Parterre war Kommunist. Eines Tages wurde er von Nazi-Schergen abgeholt und ist jahrelang nicht mehr aufgetaucht. Ob seine Eltern Nachrichten von ihm erhalten haben, weiß ich nicht, aber ich kann mich erinnern, dass seine Mutter mal zufällig aus dem Fenster schaute und dann aufgeschrien hat. Sie sah nämlich eine abgemagerte Gestalt an der Mauer heranschleichen, ganz verängstigt um von niemandem bemerkt zu werden. Das war ihr Sohn, den sie fast nicht erkannt hätte.

Dieser arme junge Mann wurde gleich nach seiner Heimkehr in den Krieg nach Jugoslawien geschickt. Obwohl das ein gefürchtetes »Himmelfahrtskommando« war, hat er wie durch ein Wunder das Kriegsende erlebt.

Anfang der 1940er Jahre sind in viele Betriebe Zwangsarbeiter aus den von der deutschen Wehrmacht besetzten Gebieten nach München gekommen. Zuerst waren es vor allem polnische Männer, aber dann auch viele ganz junge polnische Mädchen. Meinem Vater haben die so Leid getan, dass er ihnen in seinem Betrieb bei Kathreiner manchmal etwas Essen zugesteckt hat, was streng verboten war. Deswegen und auch, weil er seinen Mund nicht halten konnte, wenn ihm Unrecht aufgefallen ist, mussten wir immer Angst um ihn haben.

Von jüngeren Menschen kann sich heute sicherlich niemand mehr vorstellen, was der »Verdunklungsbefehl« bedeutete. Jeder Mieter musste sich damals schwarzes Papier besorgen, was gar nicht so einfach war, damit er alle Fenster in seiner Wohnung gut abdecken konnte. Gab es bei Dunkelheit Voralarm, dann war es Pflicht, dieses Papier an den Fenstern zu befestigen. Hat jemand beim Blick über den Hof in diesem Häuserviereck irgendwo einen Lichtspalt entdeckt, dann schallte es gleich ganz laut »Verdunkeln!« Aber sicher hat durch die Verdunklung kaum eine Bombe weniger ihr Ziel getroffen.

# Im Feuersturm versinkt ein Stück meiner Kindheit

Bei Luftangriffen sind die Hausbewohner der Edelweißstraße anfangs im Keller auf dem Gang gesessen. Nur ein einziges Kellerabteil, ein einfacher Lattenverschlag, war als Luftschutzkeller deklariert.

Die alte Frau Jäger saß meistens in diesem Abteil und hat im Sitzen geschlafen, in Hut und Mantel, eigentlich ganz fesch. Wir haben sie oft aus ihrer Wohnung herausgeholt, weil sie zu schwerhörig war um den Fliegeralarm zu hören.

Bei einem Bombentreffer in der Nachbarschaft gab es eine solche Rauchentwicklung, dass wir aus dem Keller nach oben rennen mussten, um im Freien Luft zu bekommen. In dieser schrecklichen Nacht haben wir uns nasse Decken umgehängt und sind aus diesem Feuersturm geflüchtet, der die Glut wie Schneegestöber durch die Edelweißstraße getrieben hat. Wir versammelten uns am Bergsteig und haben dort die schöne Schmederer-Villa am Nockherberg nur noch als Gerippe im Gluthaufen versinken sehen. Das war wie das Ende all meiner schönen Kindheitserinnerungen.

Ganz furchtbar war der Fliegerangriff am 24./25. April 1944. Wir waren bei uns im Keller und das Klirren und Dröhnen wurde immer schlimmer. Luftschutzwart war unser Hausmeister Baumgartner, der auch während der Angriffe durch die Treppenhäuser gehen musste um gleich zu entdecken, wenn es nach einem Einschlag irgendwo brannte.

Er kam damals heruntergerannt und schrie:»Alles 'raus, brennen tut es, beim Stein brennt's auch!«

Einige Wohnungen waren unbewohnt, weil die Bewohner evakuiert waren und da mussten die Zurückgebliebenen fürs Löschen sorgen.

Die meisten von uns im Keller hatten Atemschutzmasken, ich die meine aus der Arbeit, weil ich sie dort brauchte, wenn ich zur Fliegerwache eingeteilt war.

Wir sind also mit aufgesetzten Gasmasken hinaufgerannt und sahen die zersplitterten Türen in unserer Wohnung, die der Luftdruck aufgesprengt hatte.

Im Schlafzimmer waren die ganzen Bettsachen verschmort, die Federn zu Klumpen geschmolzen und die Schranktüren standen offen. Die Wäschestapel waren durch die Phosphorglut mit Brandlöchern über und über gesprenkelt.

Die schöne Hängelampe sah aus wie ein kahles Gerippe, der Schirm war verbrannt und die Birne war rot verfärbt durch die Hitze aber, das war unglaublich, als ich den Schalter drückte, hat die Lampe tatsächlich noch gebrannt.

Als erstes haben wir die Schubladen der Kommode mitsamt der ganzen Wäsche in den Keller geschleppt und sie einfach zu den Kohlen in unser Kellerabteil geworfen.

*Die Zerstörung durch eine Sprengbombe in der Edelweißstraße 4,
Sommer 1944*

Dabei höre ich heute noch das scheußlich rasselnde Geräusch der Gasmaske, das durch unser Schnaufen entstanden ist.

In der Küche und im Wohnzimmer, das gleichzeitig das Schlafzimmer von mir und meiner Schwester war, hat es nicht gebrannt, dafür um so schlimmer im vierten Stock und im Dach darüber.

Wir hatten nach diesem schrecklichen Angriff noch Glück im Unglück, weil am Alpenplatz ein Löschfahrzeug aus dem Oberland stand. Mit Hilfe von diesem konnte dann unser großer Häuserblock in der Edelweißstraße zum Teil gerettet werden.

Wir haben mit aller Kraft geholfen beim Hochziehen der Feuerwehrschläuche bis in den vierten Stock und die Feuerwehr selbst hat verhindert, dass sich der Brand ins Treppenhaus hinein ausgebreitet hat.

Gegenüber, in der Edelweißstraße 8, schlug eine Brandbombe mitten im Treppenhaus ein, sodass die Bewohner nur noch aus dem Keller flüchten und gar nichts mehr retten konnten.

Hausnummer 4 und 6 sind einigermaßen erhalten geblieben, aber in Nummer 2 hat eine Sprengbombe schlimme Verwüstungen angerichtet.

In unserer Hausreihe von Nummer 3 bis 9 sind die Häuser alle bis zum dritten Stock herunter abgebrannt.

Wir haben dann unseren Leiterwagen aus dem Keller geholt und ihn mit Gepäck vollgeladen. Ein Notgepäck hatte jeder sowieso immer bereit, denn das war Vorschrift.

In dieser Nacht sind wir in die leerstehende Wohnung von Brückners, die evakuiert waren, in die St. Martin-Straße gezogen. Herr Brückner war ein recht viel jüngerer Freund meines Vaters und außerdem mein früherer Zitherlehrer. Wir haben dort zwei Nächte verbracht, zusammen mit dem Ehepaar Fischer, unseren Nachbarn aus der Edelweißstraße.

Am nächsten Tag hielten mein Vater und ich bei uns Brandwache. Wir mussten auf dem abgebrannten Dachstuhl kontrollieren, ob es restliche Brandherde gab. Wenn man die Hand an die Bodeneinschläge gehalten hat, dann war alles noch ganz heiß.

*Eltern Stein nach dem Bombenangriff 1944 auf der Wohnungs-
decke, ehemals 4. Stock*

Unsere restlichen Möbel haben wir im ersten Stock, im Treppenhaus und in der Hauseinfahrt untergestellt.

Zum Schlafen haben wir uns aufgeteilt, die einen bei der Familie Lang im ersten Stock und die anderen bei der Familie Zischka im Erdgeschoss.

Die nächsten Tage haben wir all den Schutt, Ziegel, Balken, Holzteile aller Art von der Hauskante des ehemaligen vierten Stocks in den Hof hinunter geworfen. Dann holten wir uns die Schnee-Kippkarren aus dem Depot in der Aignerstraße und haben damit die Schuttmassen in der Anlage am Bergsteig abgeladen. Diese Schutthalden wuchsen damals in der ganzen Stadt fast ins Unermessliche.

Unseren Küchenherd haben wir im ersten Stock in ein Zimmer gestellt, das uns die Familie Lang überlassen hat.

Monatelang gab es für uns keine Freizeit, weil wir die mühseligen Aufräum- und Reparaturarbeiten neben unserer Berufstätigkeit machen mussten.

Mindestens zwei Jahre lang war unser Haus ohne Dach. Für ein paar Monate waren wir im Haus verteilt, aber dann wollte meine Mutter lieber wieder in der eigenen Küche kochen, wenn auch alles recht ramponiert war.

Geschlafen haben wir aber weiter notgedrungen bei den Nachbarn.

Seit diesem verheerenden Bombenangriff sind wir bei Voralarm aus Sicherheitsgründen nicht mehr in unseren Keller gegangen, sondern zum Nockherberg hinüber in den Brauereikeller. Der war sozusagen in den Hang hineingebaut, riesengroß unter dem Salvatorkeller.

Dort war es gegen 9 Uhr abends noch recht leer, sodass ich mich auf eine Bank legen und etwas vorschlafen konnte.

Damals habe ich mich überhaupt nur noch danach gesehnt, einmal wieder richtig ausgezogen gemütlich im Bett zu liegen und ausschlafen zu können.

Eines Tages kam ich gerade zu diesem Gemeinschaftsbunker, als eine Panik ausbrach. Es standen dichtgedrängt zu viele Menschen vor dem Kellertor, das noch verschlossen war. Die

Flak (d.h. Fliegerabwehr-Kanonen) hatte aber schon damit begonnen auf die angreifenden Flugzeuge zu schießen, sodass keine Zeit zu verlieren war. Plötzlich wurde das Tor von innen geöffnet, wodurch viele der ganz vorne Wartenden gestürzt sind. Die Nachfolgenden sind über sie hinweggetrampelt und dabei hat es acht Tote gegeben. Eine ältere Frau aus einem der Nachbarhäuser in der Edelweißstraße war leider mit unter den Toten.

Auch wir haben Todesängste ausgestanden, weil wir auf dem abschüssigen Weg in den Keller hinein von der nachdrängenden Masse fast erdrückt worden wären. Ich versuchte den Kopf ganz hoch zu recken, weil ich unter den anderen, teils viel größeren in Panik geratenen Menschen keine Luft mehr bekam. Mama wurde zwischen einem heranrollenden Krankenwagen und einer Mauer beinahe zerquetscht und war dann am Zusammenbrechen, vor allem nervlich.

Wir hatten völlig zerzauste Haare und Teile unserer Kleidung entweder zerrissen oder verloren, ebenso unsere Schuhe. Ein Luftschutzwart begleitete uns nach Hause und sagte, dass am nächsten Tag alle »Panik-Fundsachen« in einem großen Raum beim Kloster der Armen Schulschwestern am Neudeck abzuholen wären.

Papa hatte in dieser Nacht Dienst als Fliegerwache bei Kathreiner in seiner Arbeitsstelle in der Mühldorfer Straße hinter dem Ostbahnhof. Die Nachricht von der Panik im Salvatorkeller hatte sich nachts bis zu ihm ausgebreitet und Papa wusste nicht, ob auch wir unter den Toten sind. Erst um sieben Uhr früh konnte er nach Hause kommen und fand Mama ganz erschöpft im Bett liegend vor, übersät mit blauen Flecken.

Übrigens gab es über diesem riesigen Bierkeller einen höher gelegenen Eingang zu einem richtigen Luftschutzkeller, höchst feudal und komfortabel ausgestattetet, und zwar für die Nazi-Führungsriege um den Gauleiter Wagner.
Zu jener Zeit wurden in der Gegend um die Edelweißstraße Gräben für Kabel ausgehoben. Diese Arbeiten mussten Kriegs-

gefangene machen, die streng bewacht wurden, denn es sollte niemand aus der Bevölkerung Kontakt zu diesen armen, halbverhungerten Gestalten aufnehmen.

Auf dem Weg zur Arbeit kam ich direkt an diesen Gräben vorbei und hatte manchmal Glück, dass der bewaffnete Aufseher gerade in die andere Richtung schaute. Ohne meine Haltung zu verändern oder den Schritt zu verlangsamen, habe ich meine Brotzeittüte einfach in den Graben fallen lassen, nichts Üppiges, aber vielleicht doch besser als nichts.

Ein junger Soldat, der als Bewacher der Gefangenen eingeteilt war, kam bei einem Fliegeralarm mit seiner Arbeitstruppe zu uns in den Luftschutzkeller am Nockherberg. Das hat bei einigen der schutzsuchenden Einheimischen, die schon im Bunker waren, eine wahre Empörung ausgelöst. Sie schrien herum und verlangten von dem Wachsoldat, er solle die Gefangenen verschwinden lassen, weil die hier drinnen nichts zu suchen hätten. Er war aber standhaft und blieb mit seinem Trupp im Bunker, allerdings im Vorraum gleich hinter dem Eingangstor.

# Ende des Zweiten Weltkrieges

In den letzten Kriegstagen, also Ende April 1945, gab es immer wieder Meldungen vom Tod Hitlers, die aber offensichtlich mehrmals falsch waren. Wann wir die richtige erfuhren und erst einmal aufatmen konnten, weiß ich heute nicht mehr. Jedenfalls marschierten am 30. April 1945 die Amerikaner in München ein.

Gleich nach Kriegsende wollte ich mit meiner Mutter einen Ausflug in den Wald machen. Wir kamen an der Eisenbahnbrücke beim Nockherberg vorbei und sahen, dass unter uns ein riesig langer Lazarettzug stand. Sanitäter und Soldaten kamen die Böschung herauf, um uns zu sagen, dass sie die vielen Verwundeten nicht mehr versorgen könnten, weil sie kein Verbandmaterial, kein Essen und nicht mal mehr Wasser hätten.

Der Zug war aus Österreich auf der Durchfahrt in ein Gefangenenlager. In Salzburg hatten sie schon gehalten um wenigstens die Wasserbehälter aufzufüllen, aber die Sanitätssoldaten stellten fest, dass die Leitungen am dortigen Bahnhof abgestellt waren. Als Begründung mussten sie hören, dass es für einen deutschen Lazarettzug kein Wasser gäbe!

Daraufhin kamen viele Bewohner aus den umliegenden Häusern und haben von dem Wenigen, was die Menschen noch besaßen, etwas mitgebracht, z.B. Kannen mit Tee oder gekochte Kartoffeln und Runkelrüben. Da hat man wirklich geteilt!

Auch alte Handtücher haben die Giesinger als Verbände hinunter gegeben und der Wirt vom Eck hat aus einem Fass Molke selbst ausgeschenkt.

Ein Mann aus der Edelweißstraße, der gegenüber von uns wohnte, kam mit einem großen Käse daher, den er bei einer Plünderung ergattert hatte.

Dazu muss man wissen, dass beim Einmarsch der Amerikaner die deutsche Bevölkerung viele Vorratslager geplündert hat, die vom Nazi-Regime für die Führungsschicht angelegt waren, also »militärische Vorratsspeicher«.

Fast unter den Augen der amerikanischen Besatzungs-Soldaten war das Plündern manchmal möglich. Schließlich war es gerecht, von den Nazis gehortete Lebensmittel nun den Verwundeten zukommen zu lassen.

Es war zu jener Zeit für uns schon unglaublich, welche Mengen von eingelagerten Vorräten jeder Art durch die Plünderungen zum Vorschein kamen.

Der Zug stand noch den ganzen restlichen Tag unterhalb des Nockherbergs, bis die Durchfahrt am Südbahnhof freigegeben wurde. Viele Bahngleise waren damals durch die Bombardierungen beschädigt, was dann ewige Wartezeiten bedingte.

Bei der Weiterfahrt haben die Soldaten mit weißer Kreide »Münchner, wir werden Euch nie vergessen« an die Waggons geschrieben.

Da nach den Bombardierungen auch unsere Wasserleitungen beschädigt waren, mussten wir mit Kübeln zum Salvatorkeller hinüberlaufen um Wasser zu holen. Dort war ein Hydrant, der mittags für eine Stunde aufgesperrt wurde.

Nach Kriegsende hatten wir ein neues Problem mit dem Wasser, weil die Amerikaner es aus Angst vor Seuchen stark mit Chlor versetzten. Deshalb haben wir dann unser Trink- und Kochwasser an einer Quelle unten in der Loh oder beim Neudeck geholt. Diese Trinkwasserbrunnen gibt es heute noch.

Nach Kriegsende mussten meine Schwester und ich uns wöchentlich aufmachen zum Hamstern. Wir fuhren mit der Bahn in die Erdinger Gegend und sind von dort stundenlang zu Fuss über Land gelaufen.

Für lauter verschicdene Brotstücke, abgeschöpftes Schweinefett, ein bissl Mehl, Gries, ein paar Eier, ein Stückerl Blutwurst usw. hatten wir geeignete Behälter dabei, damit uns dann diese Sachen wieder eine Zeit lang über Wasser gehalten haben.

Einfach so hat man nichts gekriegt, da hätten wir erst gar nicht kommen brauchen. Also haben wir den Bauern Stopfgarn gebracht, gestickte Tischdecken oder feine Häkelkragen, auch kleinen Silberschmuck, eben alles was man entbehren konnte.

Einmal, als wir abends zurückfahren wollten, war es schon über die von der amerikanischen Besatzung angeordnete Sperrzeit hinaus, also später als 21 Uhr.

Deswegen haben wir bei einem Bauern angefragt, ob wir über Nacht bleiben können. Er hat uns auf den stockfinsteren Heuboden hinaufgelassen, wo nur noch einzelne Heubüschl herumlagen.

Wir haben auf den blanken Brettern mehr schlecht als recht geschlafen, bis in der Früh der erste Zug nach München abfuhr.

Die Waggons waren ohne Fenster, nur irgendwie vernagelt, und wenn man Pech hatte, haben »Hamster-Kontrolleure« einem die Sachen wieder abgenommen.

Diese Hamsterfahrten konnten wir nur am Wochenende machen, weil wir während der Woche in unserer Arbeitsstelle sein mussten.

1948 kam die Währungsreform. Schon lang munkelte man, dass die Reichsmark bald abgeschafft werden würde und dann kam der Tag X eines Sonntags ganz überraschend. Deshalb haben viele Menschen für die alten Reichsmark schnell Sachen eingekauft, die es in der schlechten Zeit noch gab, so etwa Glasschalen, Porzellanfiguren oder Ölgemälde, oft ganz Unsinniges. Kaum hatte man die 40 Deutsche Mark (DM) pro Kopf der Bevölkerung gegen Reichsmark eingetauscht, war das Warenangebot plötzlich riesig. Nur konnten wir von all dem vorerst kaum etwas kaufen, weil wir durch die starke Abwertung bloß diese wenigen D-Mark hatten.

Als am 01. Januar 2002 der Euro eingeführt wurde, da hatte ich trotz meines fortgeschrittenen Alters im Vergleich zu 1948 gar keine Probleme. Wir waren jetzt in der glücklichen Lage, keine Abwertung zu erleben und konnten alles mit dem halbierten Wert berechnen, sowohl das, was wir einnahmen als auch das, was wir ausgaben.

Um das Jahr der Währungsreform herum, erlebten wir im Haus Nr. 9 noch einen ganz anderen Schreck.
Ein etwa zweijähriges Kind war seiner Mutter im Treppenhaus im 2. Stock kurz ausgekommen, hielt sich zwar am Pfosten des Geländers auf dem Gang vor der Wohnung fest, passte aber mit dem Kopf durch den Zwischenraum und fiel in die Tiefe. Im Parterre war ein Kinderwagen so günstig abgestellt, dass dieses Butzerl doch tatsächlich genau hineinplumpste. Ganz unglaublicherweise hat es nur ein paar harmlose Schrammen davongetragen!

Was mein Arbeitsleben betrifft, möchte ich noch beschreiben, wie es bei mir nach dem Ende des Zweiten Weltkrieges weitergegangen ist.
Nach der Zerstörung des Hauptgeschäftes von Lindberg, hatte ich bereits vor Ende des Krieges die Aufgabe, die Notenabteilung für Akkordeon- bzw. Ziehharmonika-Musik wieder aufzubauen. Dazu musste ich ständig zwischen Geiselgasteig bei

Grünwald und der Ursulastraße in Schwabing hin- und herpendeln.

In Geiselgasteig war in der Lindberg-Privatvilla ein Teil des Geschäfts- und Bürobetriebes ausgelagert, während sich in der Ursulastraße ein wichtiger Verlag für Ziehharmonika-Notenschulen und Anderes dieser Art befand. Ich musste dort Einkäufe und Bestellungen tätigen um den Notenbestand bei Lindberg wieder so aufzufüllen, dass der Betrieb nach den Kriegszerstörungen einen Neuanfang machen konnte.

Als ich eines Morgens, kurz vor Kriegsende, von der Trambahnhaltestelle wie immer zur Lindberg-Villa in der Geiselgasteigstraße gehen wollte, bemerkte ich frisch ausgehobene Gräben quer über die Straße. Ein Arbeitstrupp war dort fleissig am Schaufeln.

»Was machts ihr denn da Komisches?«, hab' ich die Leute gefragt.

Daraufhin erfuhr ich, dass sie ein sogenanntes letztes Aufgebot waren, um durch diese Gräben den von Süden heranrückenden amerikanischen Panzern die Zufahrt nach München zu versperren.

Die letzten Nazi-Befehlshaber hatten aus einem Münchner Optiker-Betrieb alle noch arbeitsfähigen Mitarbeiter in die Geiselgasteigstraße abgeordnet.

Ich weiß das so genau, weil in dieser Firma auch ein Onkel von mir gearbeitet hat.

Diese Graberei war lachhaft, denn wir wussten, dass die Amerikaner ins Werdenfels und in weite Teile südlich von München bereits vorgerückt waren.

Unter den damaligen Umständen war es gar nicht so einfach, den Weg zu meiner Arbeitsstelle zurückzulegen. Die Trambahn nach Grünwald war zwar so weit intakt, aber natürlich ungeheizt und oft mit leeren Fensterhöhlen – und dann erst die Fahrzeiten! Meist war das eine ewige Warterei, man stieg schon verfroren ein und innen war es dann erst recht kalt und zugig. In der Ludwigstraße, um nach Schwabing zu kommen, fuhr als einziges Verkehrsmittel die »Bockerlbahn«.

Auf der zerlöcherten Straße waren provisorisch Gleise verlegt, auf denen eine kleine Lokomotive mit offenen Wägelchen fuhr. Die dienten vor allem dem Schutttransport, waren aber auch Straßenbahnersatz. Wenn das Wetter mitmachte, sass man ganz angenehm da oben. Dieser originelle Bummelzug wurde der »Rasende Gauleiter« genannt. Damit war der in der Bevölkerung verhasste ehemalige Nazi-Gauleiter Wagner gemeint. Es war schon etwas Besonderes, dass wir nach Kriegsende ganz gefahrlos solche Bemerkungen machen konnten.

Als ich die Neuordnung der Notenabteilung bei Lindberg abgeschlossen hatte, wurde ich zum 31. 12. 1945 entlassen. Das war mir damals gar nicht so unrecht, weil ich die Jahre dort nie so ganz glücklich gewesen bin.

Mein Chef schrieb in meinem Zeugnis, dass ihm die Entlassung leid täte, aber dass er durch die verheerenden Bombenschäden bei seinen Geschäftsgebäuden nur noch wenige Mitarbeiter weiterbeschäftigen könne.

Einige schöne Momente gab es schon, zum Beispiel, wenn ich jungen Soldaten im Feld mit einer Kleinigkeit eine Freude machen konnte.

Damals verkauften wir bei Lindberg Piccolo-Mundharmonikas zu 90 Reichspfennig das Stück. Das erfuhren die Soldaten an der Front und machten dann mit Feldpostkarten Anfragen bei uns, ob wir ihnen so ein kleines Geschenk schicken würden. Lindberg konnte natürlich nicht jede Karte beantworten, aber ich habe schon versucht, möglichst vielen der Soldaten diese Mundharmonika zukommen zu lassen. Zum Teil habe ich sie von meinem eigenen Geld bezahlt und einen Gruss dazu geschrieben.

Auch mit einem jungen Soldaten, der eine Schallplatte bei mir im Geschäft gekauft und der, wie man so sagt, gleich Feuer gefangen hat, war ich noch eine Weile in Briefkontakt. Zuerst war er in Mittenwald stationiert, dann kam er zur Rommel-Armee nach Afrika und fiel nicht lange danach.

Ab September 1946 fand ich für zwei Jahre eine Anstellung als Hausdame bei einem deutsch-amerikanischen Ehepaar in Bogenhausen. Das war eine Tagesstelle, sodass ich zum Übernachten immer daheim in der Edelweißstraße war.

Ab Oktober 1948 konnte ich wieder in meinem Beruf arbeiten, und zwar bei Musik-Hieber am Dom. Mein Verhältnis zur Leiterin dieser Abteilung, Frau Wagner, war sehr gut und in Adolf Hieber, dem späteren 2. Bürgermeister von München (1956–1960), hatten wir einen recht liebenswürdigen Chef. Aus dieser Zeit ist mir ein Vorfall in ganz besonderer Erinnerung geblieben. Herzog Albrecht von Wittelsbach, der Sohn von Kronprinz Rupprecht, war bei uns im Geschäft und ließ sich von mir beraten.

Vor Jahren hatte ich den Herzog während meiner Lehrzeit im Odeon-Musikhaus schon einmal kurz gesehen, ihn aber jetzt, in seinem einfachen Lodenanzug und entsprechend älter, nicht wiedererkannt.

Er suchte sich eine bestimmte Aufnahme einer Telemann-Schallplatte aus, die nicht vorrätig war. Als ich ihn nach der Adresse fragte, um die Bestellung dann dorthin zu schicken, meinte er: »Meier, Leutstetten«. Daraufhin ich: »Und weiter«?, weil ich die Straße wissen wollte. Nun er wieder: »Dös kriag i scho«.

Zwar habe ich mich da gewundert, war aber zufrieden damit. Unter der Tür gibt er mir dann die Hand und meint: »Auf Wiedersehen, Fräulein«, und ich: »Auf Wiedersehen, Herr Meier«.

Kaum war er draußen, meinte die Dame an der Konzert- und Theaterkasse höchst entrüstet: »Aber Fräulein Stein, wissen sie denn nicht, wen sie da bedient haben? Das gibt's doch gar nicht!«

In jenen Jahren kamen nach und nach die noch immer zahlreichen deutschen Kriegsgefangenen nach Hause zurück.

Erst 1949 wurde mein Vetter Rudolf aus russischer Gefangenschaft entlassen. Das habe ich mit ihm richtig schön gefeiert und zwar sind wir ins Kabarett »Der bunte Würfel«, damals in der Wörthstraße in Haidhausen, gegangen.

# Der Tod von Mama

Meine Mutter lag im September und Oktober 1949 in der Universitätsklinik in der Ziemssenstraße, vor allem wegen Wasser in der Lunge. Das ganze Gebäude war durch die Bombardierungen weiterhin in einem sehr schlechten Zustand.

Danach kam Mama zum Sterben nach Hause, konnte aber noch bis zwei Tage vor ihrem Tod aufstehen. Erst dann haben wir ihr ein Lager auf dem Kanapee in der Küche gerichtet und da ist sie mehr gesessen als gelegen, weil sie so besser atmen konnte. Sie war erst 65, aber durch die schweren Kriegsjahre und durch die üblen Wohnverhältnisse nach der Bombardierung der Edelweißstraße, war sie recht angeschlagen.

Eine Diakonisse der Luther-Gemeinde ist tagsüber zur Pflege gekommen und mein Vater konnte auch helfen, weil er schon in Rente war.

Wir haben ihr noch rechtzeitig ein kleines Radio gekauft, damit sie auch nachts Musik hören konnte. Das war unser erstes Radio überhaupt, solch ein kleiner Apparat mit nur einem einzigen Sender. All solche Dinge konnte man nach der Währungsreform 1948 ohne Weiteres kaufen, wenn man ausreichend D-Mark hatte.

Als Mama an Weihnachten 1949 am späten Abend starb, hat sie wunderschön gelächelt und dreimal nur »ja« gesagt. Da habe ich ganz automatisch die Kuckucksuhr angehalten.

Wir alle drei und die Diakonisse waren beim Tod unserer Mutter dabei.

Zusammen haben wir sie ins Schlafzimmer getragen, ihr Bett schön gerichtet und die Fenster geöffnet.

Geschlafen oder eher leicht geschlummert haben Betty, Papa und ich in dem Zimmer von uns Schwestern.

Am nächsten Morgen kam ein Arzt um den Totenschein auszustellen, und die Leichenfrauen haben ihre Arbeit gemacht.

Es war nicht leicht für uns, als die Träger den Sarg dann verschlossen und zum Friedhof gebracht haben.

Nach Mutters Tod bin ich zum Vater ins Schlafzimmer gezogen, sodass meine Schwester mit 45 Jahren zum ersten Mal ein Zimmer für sich allein hatte. Doch das Wohnzimmer war es weiterhin, aber nur zu besonderen Anlässen.

Pfarrer Alt von der Luther-Kirche sagte bei der Aussegnung an Mamas Grab, dass sie aus einer alten Hugenotten-Familie in der Pfalz stammte und dass sie ein sehr wertvolles Mitglied der Kirchgemeinde gewesen sei.

Jahrzehntelang war Mama Gemeindehelferin in der Luther-Kirche und auch viele Jahre Mitglied im Kirchenvorstand. Bei Wind und Wetter hat sie die Gemeindebriefe ausgetragen, für die Innere Mission gesammelt oder ältere Kirchenmitglieder in Heimen und bei sich zu Hause besucht.

Pfarrer Alt, seit 1934 in der Luther-Kirche, war damals auch deshalb schon in einem schlechten gesundheitlichen Zustand, weil er während der Nazi-Diktatur immer wieder Menschen im Gefängnis Stadelheim, das zu unserem Sprengel gehörte, bis zur Hinrichtung betreut hat.

Ganz besonders angegriffen hat ihn verständlicherweise am 22. Februar 1943 die Ermordnung von Sophie und Hans Scholl und Christoph Probst (Weiße Rose), die er bis zum Schafott begleitete.

1950 hat Pfarrer Alt seine ältere Tochter in dem provisorischen Kirchenraum im »Weinbauern« getraut, gegenüber der noch zerstörten Martin-Luther-Kirche. Doch schon im Juni 1951 ist er im Alter von knapp 54 Jahren gestorben.

Im Zusammenhang mit unserer Luther-Gemeinde habe ich sehr viele besondere Erinnerungen an die Zeit als Kindergottesdienst-Helferin. Mit etwa 18 Jahren begann ich mit dieser »Freizeitbeschäftigung« und habe sie mir, zusammen mit meiner Schwester, über 25 Jahre zu einer sehr wichtigen Aufgabe gemacht.

Zu Beginn waren wir etwa zehn junge Leute, die sich einmal in der Woche mit dem Pfarrer oder Vikar im Gemeinderaum getroffen haben, um eine kindgerechte Bibelstunde für den nächsten Sonntag vorzubereiten.

An schönen Sommerabenden sind wir anschließend zusammen an die Isar spaziert, manchmal bis nach Grünwald oder auch über die Großhesseloher-Brücke und drüben zurück zur Tierpark-Brücke und dann den Isarhang hinauf nach Giesing. Auch Tagesausflüge ins Gebirge haben wir gemacht, manchmal mit Übernachtung in einer Hütte.

Einmal im Jahr hat uns Pfarrer Schübel zu einem Helfer-Wochenende eingeladen, das er mit Hilfe von Geldgebern aus der Gemeinde finanziert hat. Das war ein Dankeschön für die viele ehrenamtliche Arbeit, die wir das Jahr über geleistet haben.

Ein anderer fester Punkt war einmal in der Woche für Betty und mich der Kirchenchor. Die Probe dauerte von 20 Uhr bis mindestens 22 Uhr. Da wir mit etwa 40 Mitgliedern ein recht großer Chor waren, konnten wir entsprechend umfangreiche Werke aufführen. Dieser Erfolg hat die anstrengenden Proben, immer neben der Berufstätigkeit, etwas weniger anstrengend gemacht.

Im Januar 1951 habe ich den Entschluss gefasst, bei Musik-Hieber zu kündigen. Mein Chef war gar nicht erfreut und meinte, er würde mich ungern gehen lassen. Ich erklärte ihm, dass meine Entscheidung überhaupt nichts mit meiner Arbeitsstelle bei ihm zu tun hätte. Ganz im Gegenteil, ich war sehr gern dort und hatte auch ein gutes Verhälntis zu meinen Kollegen. Damals hat ein gewisser Umbruch in meinem Leben stattgefunden.

Ich weiß auch nicht, wie ich das erklären soll. Da ich selbst keine Kinder hatte, lockte es mich, ein paar Jahre für die Kinder von Menschen zu sorgen, die mir nahestanden.

Seit 1949 war Erwin Klinge, ein junger Chemiker, bei uns im Helferkreis. Klinge setzte sich viel mit Glaubensfragen auseinander und war mir ganz allgemein recht verbunden. Er lebte mit seiner Familie in der Nähe von uns am Bergsteig und suchte eine Hilfe zur Betreuung seiner drei kleinen Kinder. Vier Jahre lang hatte ich viel Freude an dieser Arbeit, die ich wiederum

*Maria in der Maximilian-strasse im März 1956*

tagsüber von der Edelweiß-straße aus gemacht habe. Allerdings verbrachte ich jedes Jahr zwei bis drei Monate mit den Kindern im Ferienhaus der Großmutter in Scharnitz bei Seefeld/Tirol und war dort rundum beschäftigt. Ich wurde zur geübten Vorleserin und Erzählerin, woran sich die Kinder bis heute erinnern können, die inzwischen selbst schon erwachsene Kinder haben. Und ich bin für sie die »Tante Stein« geblieben.

Vater Erwin Klinge (Jhg. 1922) hatte zwei gleichaltrige gute Freunde, die bei uns in der Edelweißstraße immer gern gesehene Besuche waren. Einer davon war Dr. Otmar Liegl, der nach Berlin heiratete und dort jahrelang als Chefarzt der Augenklinik im Neuköllner Krankenhaus arbeitete. Das Besondere an Otmar Liegl ist, dass er viele Jahre das Amt des Vorsitzenden im »Verein der Bayern in Berlin« innehatte. Zum 125-jährigen Stiftungsfest dieses Vereins und zum 80. Geburtstag von Otmar Liegl ist 2001 ein Buch erschienen mit Grußworten vom Bayerischen Ministerpräsidenten Edmund Stoiber und vom zu diesem Datum noch Regierenden Bürgermeister von Berlin Eberhard Diepgen!
Otmar Liegl ist bis heute einer meiner ganz treuen Besucher, wann immer er nach München kommt.

Auch Kurt Eichhorn, der langjährige Dirigent des Bayerischen Rundfunk-Symphonieorchesters, gehörte bis zu seinem Tode diesem Freundeskreis an.

Wenn ich so über meine vielen Lebensjahrzehnte nachdenke, dann stelle ich fest, dass ich eigentlich lauter lebenslängliche Freundschaften hatte oder noch habe.

Dabei erinnere ich mich auch an Frau Wahler, die leider schon 1985 gestorben ist. Mitte der 1930er Jahre hat sie bei mir im Musikhaus Odeon, also bei Jacobs, ein Koffergrammophon und Schubert-Schallplatten gekauft. Sie war etwas älter als ich, ebenfalls unverheiratet und wurde im Lauf der Jahre nicht nur eine gute Freundin, sondern ein für mich ganz wichtiges geistiges

*Lupita in München, Oktober 1956*

Vorbild. Sie kannte meine Interessen und hat mir deshalb testamentarisch u.a. viele Bücher, Bilder, Zeichnungen und Künstlerbriefe vermacht.

Das Ende meiner im menschlichen Bereich sehr erfüllenden Arbeitszeit bei der Familie Klinge kam durch die Krankheit meines Vaters. Im Februar 1955 meinte Herr Klinge, der ein stark ausgeprägtes Sozialgefühl hatte, mein Platz wäre nun wieder zu Hause um Papa zu pflegen.

Mein Vater hatte alles Finanzielle immer Mama überlassen, weil sie eine perfekte Geldverwalterin war. Ich bin da einerseits meinem Vater sehr ähnlich, weil es mir bis heute unangenehm ist, mit Geld zu tun zu haben. Andererseits bin ich übertrieben sparsam, weil ich meine, auch noch im Jahr 2003, also mit 92 Jahren, mein Leben absichern zu müssen. Eigentlich ist das dumm, weil ich vielerlei Ansprüche, die ich als Rentnerin hätte, gar nicht wahrnehme.

*Im Wohn-/Schlafzimmer in der Edelweißstraße 1956, von links:*
*Maria, Lupita, Betty mit »Mohrle«, Vater Stein*

Bei der heutigen Sozialgesetzgebung könnte ich, spasshaft
gesagt, als vorbildlich dargestellt werden, weil ich immer
schon so viel Eigenleistung erbracht habe, wie sie in Zukunft
von Rentnern wohl gesetzlich verlangt werden wird.
Bei der Währungsreform, um nochmal auf die Einführung der
D-Mark im Jahr 1948 zurückzukommen, meinte mein Vater zu
den 40 DM, die wir pro Kopf bekamen, also zusammen 160
DM: »Ja, so was, so viel Geld haben wir auf einen Schlag noch
nie in der Hand gehabt!«

Papa litt seit 1955 an einer chronischen Herzschwäche und
sein Zustand verschlechterte sich 1957 noch zusätzlich durch
eine akute Rippenfellentzündung. Er war zu Hause gut
betreut, weil ich ihn versorgt habe. Meine Schwester ging weiter ihrer Berufstätigkeit nach. Sie arbeitete schon seit über
30 Jahren im Kaufhaus Oberpollinger als Kassiererin.
Papa musste nur die letzten vierzehn Tage das Bett hüten. Seine Stimme wurde immer schwächer und eines Tages wollte

unser Mohrle, der strubbelige Pudel, der seit ein paar Jahren zur Familie gehörte, nicht mehr auf die Füße von Papa ins Bett springen. Kurz vorher war das noch sein größtes Vergnügen und auch für Papa war der Hund sein ein und alles. Wir waren damals ganz erschrocken, weil Mohrle auf unserem Arm den Kopf von Papa wegdrehte. Er muss bereits den nahenden Tod seines Herrchens gespürt haben.

Kurz vor dem Sterben sind noch einige Nachbarn aus dem Haus zu unserem Vater gekommen um sich zu verabschieden. Direkt gesagt haben sie das natürlich nicht.

# Mexiko-Reise 1960/61

1955 kam Lupita aus Mexiko zu Besuch nach Zürich. Da ihr Vater gebürtiger Deutschschweizer war, wohnte sie dort bei Freunden und lernte durch sie meine Schweizer Verwandtschaft kennen. Diese wiederum vermittelte Lupita zu uns nach München, weil sie sich an der hiesigen Kunstakademie einschreiben wollte.

Als die Anfrage aus der Schweiz zu uns kam, waren Papa, Betty und ich gleich einverstanden. Wir wollten diese junge Mexikanerin gerne bei uns aufnehmen und für mich begann damit erneut eine lebenslange Freundschaft.

Lupita, die dem Alter nach fast meine Tochter hätte sein können, war während ihres zweijährigen Europa-Aufenthaltes monatelang auch in anderen Städten zur Kunstausbildung. Die Edelweißstraße 7 war jedoch immer wieder wochenlang ihr Zuhause, sodass sie insgesamt etwa ein halbes Jahr lang unser Gast war.

Um unseren kränkelnden Vater zu versorgen, war ich ab 1955 sowieso ganz daheim, sodass ich mich gut auf Lupitas Besuch einstellen konnte.

Sie hat dann sogar noch die Zeit erlebt, als mein Vater das Kaffeewasser weiterhin in einer Henkelkanne vom Quellbrunnen am Neudeck in der Au geholt hat. Wie schon gesagt, schmeckte uns das Münchner Wasser nicht, weil die amerikanische Besatzung es aus hygienischen Gründen weiterhin stark chlorte. So hat Lupita noch zehn Jahre später sozusagen eine Nachkriegsauswirkung bei uns miterlebt.

Betty ist damals ins Schlafzimmer zu Papa gezogen, weil sie früh zur Arbeit musste, und Lupita und ich hatten das Wohn-/Schlafzimmer für uns.

Nach 1955 waren die beiden Zimmer durch die Kriegsschäden noch recht einfach eingerichtet, aber das hat Lupita überhaupt nicht gestört, ebenso wenig das fehlende Bad.

Sie war ein richtiger Nachtvogel, und wenn sie oft recht spät heimgekommen ist, haben wir noch die halbe Nacht weiter geratscht. Es war schön, sich so gut zu verstehen und da hat mir der wenige Schlaf nichts ausgemacht. Schließlich habe ich dabei unendlich viel Neues und Interessantes erfahren, vor allem auch über Mexiko und die Lebensweise ihrer Familie.

Meine Verwandten in Venezuela, also die Großfamilie meines Cousins, dem Braumeister aus Lindau, waren fast beleidigt, dass ich nach Mexiko und nicht zu ihnen fahren wollte. Aber ich habe mir damals eingebildet, dass mir die südamerikanische Art nicht so liegen würde. Außerdem wäre mir die große Verwandtschaft mit all den Verpflichtungen, die sich aus ihr ergeben, für ein halbes Jahr zu viel gewesen.

Nun noch zu dem vielleicht Wichtigsten der Mexiko-Reise, nämlich woher ich das Geld dazu hatte.

Ein Bruder meiner Mutter war erfolgreicher Wirt gewesen, jedoch kinderlos geblieben. Nach seinem Tod in den 1950er Jahren wurde vom Nachlassgericht festgelegt, wer von den vielen Nachkommen etwas erben würde. Es hat lange gedauert, bis das klar war, außerdem standen meine Schwester und ich ziemlich an letzter Stelle, trotzdem war es für uns beide dann eine ganz nette Summe.

Ich habe keine Ahnung mehr wie viel es war und auch nicht, ob durch die Mexiko-Reise alles aufgebraucht wurde, weil ich damals wie heute nichts so ungern tu, wie mich mit Geld zu beschäftigen.

Unser Onkel hatte seinen Besitz unter anderem in Form eines kleinen Hauses mit großem Grundstück in Ottobrunn bei München hinterlassen. Da dort die Grundstückspreise sehr zu steigen anfingen, als sich immer mehr Flugzeug- und sonstige Technologie-Betriebe ansiedelten, waren wir die Nutznießer dieses Preisanstieges.

Ganz rasch ist dann mein Plan gereift, einen Gegenbesuch in Mexiko bei Lupitas Familie zu machen. Also habe ich das Visum gleich für ein halbes Jahr beantragt.

*Maria in Iguala/Mexiko Herbst 1960 mit Luisa Sanchez*

Vielleicht zum ersten Mal in meinem Leben habe ich mich mit dieser Entscheidung nicht mehr fremdbestimmen lassen. Bis dahin – ich war inzwischen 49 Jahre – habe ich mich meistens den Vorstellungen oder Wünschen Anderer untergeordnet, sei es in der Familie, im Beruf, bei Freunden oder Nachbarn. Ich war aber zufrieden damit, weil ich diese Lebensart nicht als lästig empfunden habe.

Natürlich war schon ausschlaggebend, dass meine Schwester sehr dafür war diese große Reise zu machen, bevor ich wieder berufstätig werde.

In der Theatinerstraße gab es damals ein Hapag-Lloyd-Reisebüro, das aber nur Passagier-Schiffsreisen verkaufte. So eine war mir zu teuer und vor dem Fliegen hatte ich zu sehr Angst. So ließ ich mir eine Reederei in Antwerpen empfehlen, die auf ihren Frachtschiffen ein paar Kabinen für Passagiere hatte.

Ende Juli 1960 fuhr ich mit zwei Koffern im Zug über Brüssel nach Antwerpen, hatte kein Problem damit, ein preiswertes Hotelzimmer in einer kleinen belebten Hafenstraße zu finden und ließ mich am nächsten Tag mit einem Taxi zu der recht weit draußen liegenden Anlegestelle des Frachters »Flandres«

*»Flandres« im Hafen von Port Everglades/Florida, August 1960*

fahren. Dieses Schiff schaute eigentlich gar nicht vertrauener-
weckend aus, so riesig hoch und recht rostig wie es war. Dafür
war die über 40-köpfige Besatzung, samt Kapitän, Steuerleuten
und dem Schiffsingenieur, sehr hilfsbereit und liebenswürdig.
Ich war froh, dass fast alle ein bisschen Deutsch konnten, weil
ich selbst keine Fremdsprachen spreche.
Auf einem Frachtschiff, bei der »Flandres« mit sechs Doppelka-
binen für Passagiere, geht es recht familiär zu. Wir waren nicht
voll besetzt, sodass ich eine Doppelkabine für mich alleine
hatte, mit Blick durchs Bullauge zum Bug hin.
Es gab einen kleinen Essraum für uns acht Mitreisende, in dem
wir, zusammen mit dem Kapitän und den anderen Schiffsoffi-
zieren, unsere Mahlzeiten einnahmen. Wir wurden überreich-
lich bedient, auch mit für mich unbekannten Speisen. Jedoch
konnte ich mich nie mit dem Haferbrei zum Frühstück und
den großen Wurstplatten anfreunden, die zusätzlich zum aus-
giebigen Abendmenue aufgetischt wurden.

Was ich in den 19 Tagen der Hinfahrt alles erlebt und gesehen habe, kann ich hier nicht beschreiben, weil es eigenes Buch füllen würde.

Zu meiner großen Freude wurde ich weder auf der Hin- noch auf der Rückreise seekrank, sodass ich jeden Tag aufs Neue genießen konnte.

Ich hatte zwar ein kleines spanisches Lehrbuch und ein Wörterbuch dabei, bin aber vor lauter Ereignissen auf der Überfahrt kaum zum Lernen gekommen.

So war das Anlegen auf Kuba besonders interessant, weil wir Passagiere ausreichend Zeit hatten, durch Havanna zu spazieren und uns mit Einheimischen zu unterhalten. Mir hat die Stadt mit den vielen etwas heruntergekommenen Prachtbauten und der besonderen Atmosphäre recht gut gefallen.

In Port Everglade/Florida sind die zwei amerikanischen Mitreisenden von Bord gegangen und in Vera Cruz, der bedeutendsten Hafenstadt des Landes, im Golf von Mexiko an der Ostküste und etwa 500 km von Mexico-City entfernt, gab es ein freudiges Wiedersehen mit Lupita. Sie hatte ihren 14-tägigen Urlaub gleich mit mir in Toluca gebucht, einige Fahrstunden von Mexico-City entfernt und berühmt für einen sehr großen und bunten Indianermarkt, damals immer freitags.

Wir sind also mit dem Bus von Vera Cruz erstmal bis hinauf nach Orizaba, am Fuß des gleichnamigen Berges, mit einer Höhe von 5.700 m, zum Übernachten gefahren.

Diese größere Gruppe von Vulkankegeln, mit Schneehauben über den Gipfeln, sieht wie in die Landschaft hinein gepflanzt aus. Auch am Popocatépetl (5.450 m) und am Ixtacci-Huatl (5.286 m) fuhren wir vorbei.

Auf der recht langen Weiterfahrt nach Toluca kamen wir sowohl durch tropische als auch subtropische Klimazonen mit all ihrer fremdartigen Schönheit.

Nach den erholsamen Urlaubstagen dort, machten wir eine Nachtfahrt in einem Linienbus mit vielen Einheimischen durch die Sierra Madre nach Mexico-City. Diese Riesenstadt hatte damals etwa 4 Millionen Einwohner, 1976 jedoch schon 12 Millionen. Sie liegt in einem Hochtal auf 2.240 m Höhe.

Anfangs wollte Lupitas Mutter nicht, dass ich alleine losziehe um die Gegend zu erkunden. So bin ich mit ihr zum Einkaufen auf die Märkte gegangen, habe angefangen mein weniges Spanisch zu erproben und ließ mir erklären, wie bei Hofwebers der Alltag abläuft. Sehr beeindruckt hat mich, dass bei allem was mit Essen zu tun hat, sehr appetitlich und reinlich umgegangen wurde.

Ein Bäcker würde seine Ware beim Verkauf niemals mit den Händen anfassen, sondern nur mit einer Brotzange. Da hätte sich bei uns so mancher ein Beispiel nehmen können!

Auch gab es am Eingang zu jedem, auch dem allerkleinsten und billigsten Esslokal ein Waschbecken, an dem sich jeder Gast die Hände wusch, bevor er sich zum Essen setzte.

Vom Haus meiner Gastgeber aus bin ich dann häufig mit einem Linienbus oder zu Fuß losgezogen, um mir die Stadt ein bisschen anzuschauen. Von Anfang an hatte ich den Namen der Bushaltestelle und die Telefonnummer von Hofwebers dabei, um heimzufinden falls ich mich verirre.

Zweimal war ich allein für 14 Tage in Iguala in der Provinz, einmal im September und einmal im Dezember 1960. Das liegt wesentlich tiefer als Mexico-City, hat also schon subtropische Vegetation. Dort habe ich mich in einem ganz einfachen Hotel eingemietet, dessen Zimmer vom Patio oder von der Galerie aus direkt zugänglich waren.

Die Zimmer waren wirklich ganz besonders einfach, aber zweckmäßig und mit dem Nötigsten ausgestattet. Statt Schrank gab es einen Haken an der Wand und Klo und Dusche waren vom Bett lediglich durch eine halbhohe Mauer abgetrennt.

Zum Frühstücken oder zu den übrigen Mahlzeiten habe ich mir in einem der winzigen Lokale, meistens halb im Freien mit Durchgang zu einem Patio, all das bestellt auf was ich gerade Lust hatte aus dem Angebot der typischen Gerichte und Getränke der Einheimischen. Ich wurde da ganz normal akzeptiert und nicht schief angeschaut, ganz im Gegenteil, jeder interessierte sich dafür, wer ich bin und woher ich kom-

*Auf den Stufen der »Sonnenpyramide«, Mexiko Dezember 1960*

me, und vor allem die vielen Kinder haben mich umringt und wollten, dass ich mich mit ihnen abgebe. Auf diese Weise habe ich in dem halben Jahr meines Mexiko-Aufenthaltes recht gut gelernt, mich auf Spanisch zu verständigen.

Es war dort einfach schön auf einer Mauer oder Bank zu sitzen und dem Leben im Dorf zuzuschauen.

Während meiner Aufenthalte in Iguala habe ich einige Tagesausflüge mit den dortigen Buslinien gemacht und viele der einzigartigen Kunstdenkmäler besichtigt, wie Kirchen aus der Zeit der spanischen Eroberer (Anf. 16. Jh.), Tempel der Maja (um 700 v.Chr.) oder Azteken-Bauten (Anf. 14.Jh.).

An Teotihuacán kann ich mich besonders erinnern, weil ich da ein bedrückendes Erlebnis hatte.

Mit der Sonnenpyramide (63 m Höhe) und der Mondpyramide (43 m) ist es die größte voraztekische Stadt in Mexiko.

Ich bin ganz hinauf auf die Sonnenpyramide gestiegen, eine sehr mühsame Sache, fast mehr eine Kletterei, weil die Stufen so hoch sind.

Dort oben saß auf dem Plateau eine Indio-Frau mit ein paar Kleinigkeiten zum Verkaufen. Sie war wohl sehr arm, aber voller Stolz, hat nur das Geld genommen, das ich ihr für ein kleines Keramikfigürchen bezahlt habe und mich dabei keines Blicks gewürdigt. Ich habe die Verachtung, die sie mir gezeigt hat, ganz deutlich gespürt, obwohl sie kein Wort gesprochen hat. Diese ewig unterdrückten Indios müssen es widerwillig hinnehmen, dass sie den ungeliebten Ausbeutern, ob es Amerikaner oder Europäer sind, Dinge aus ihren uralten Kunstschätzen oder Heiligtümern verkaufen, weil sie sonst nichts zum Leben haben.

Von Mexico-City aus konnte ich öfters mit der Deutschen Humboldt-Gesellschaft an sehr lohnenden Tages- oder Abendbusfahrten teilnehmen. Manchmal waren es Bergstrecken, die zu Sehenswürdigkeiten hinauf führten, bei denen ich nicht glauben konnte, je wieder lebend nach Hause zurückzukommen. Die einheimischen Fahrgäste taten ganz gelassen, haben aber oben spontan applaudiert und den Fahrer begeistert »un artiste« genannt.

Auf einer meiner Busfahrten kam ich mal mit mexikanischen Studenten ins Gespräch, die sich für mein Herkunftsland interessierten. Ich wollte ihnen von der Zeit des Nationalsozialismus erzählen, weil die meine Generation schon sehr geprägt hat. Dabei stellte sich heraus, dass sie gar nichts von Hitler wussten, jedenfalls nichts Negatives. Dass er ein unvorstellbar menschenverachtender Massenmörder war, konnten sie nicht glauben.

Der Nationalfeiertag ist in Mexiko am 15. September. An diesem Tag im Jahr 1810 läutete der Pfarrer Don Miguel Hidalgo y Costilla Sturm und rief den Aufstand gegen Spanien aus. Das nach ihm benannte verschlafene Landstädtchen Dolores Hidalgo wurde zur patriotischen Gedenkstätte.

An diesem 15. September 1960 gab es in Mexico-City unter anderem einen riesigen Autocorso. Viele der Autos waren mit Hakenkreuz-Fähnchen geschmückt. Als ich meine Gastgeber fragte, wie das möglich sei, meinten sie, dass Hitler doch ein großer Staatsmann gewesen wäre. Für mich war diese Einstellung besonders unverständlich, weil Hofwebers väterlicherseits aus der deutschen Schweiz stammten.

Das Verhältnis der Mexikaner zum Tod wurde mir an Allerheiligen 1960 in Mixtic bewusst – das Volk der Mixteken ist durch seine außergewöhnlichen Kult- und Begräbnisstätten berühmt – und dieses Dorf, ein entfernter Ortsteil von Mexico-City, war bekannt für seine Totenfeiern. Der Friedhof ist eine große Fläche, gar nicht aufgeteilt in Gräber, trotzdem wissen die Familien wo ihre Toten begraben sind.

Der gesamte Friedhof war damals mit orangefarbenen Blüten übersät, die von den Angehörigen ausgestreut worden waren.

Die ganze Nacht sitzen die Menschen an dem Grab ihrer Angehörigen, die Frauen mit ihren Babys, vor angezündetem Weihrauch in Tonschalen und brennenden Kerzen. Getränke, Gebäck und Brot werden für die Toten auf einem Tuch ausgebreitet.

Außerhalb des Friedhofes spielen die Kinder und Jugendlichen mit als Totenkopf ausgehöhlten Kürbissen und Totenhäuschen mit Kerzenbeleuchtung. Dabei essen sie Totenknochen und kleine Totenköpfe aus Zuckerguss.

An Allerheiligen sind die Bäckereien alle angefüllt mit solch seltsamen Backkunstwerken. An jedem Totenkopf ist an die Stirn ein buntes Papierschild geklebt, auf das man den Namen des Verstorbenen schreibt, den man besonders gern gehabt hat.

Am Friedhof verspeisen die Menschen am nächsten Morgen das mitgebrachte Essen, das die Toten sozusagen übrig gelassen haben.

Im Januar 1961 musste ich von Lupita und ihrer Familie Abschied nehmen, denn mein Visum lief ab und die Rückfahrt auf dem Schiff war für dieses Datum gebucht. Nur gab es plötzlich eine große Ungewissheit mit der Reise, weil die Kuba-Krise ausbrach. Die heute Älteren unter uns können sich

150

sicher erinnern, dass wir damals Angst vor einem Dritten Welt-krieg haben mussten. Es stand Spitz auf Knopf zwischen den beiden Supermächten USA unter John F. Kennedy und der UdSSR unter Nikita Chruschtschow. Die von beiden bean-spruchte Schweinebucht auf Kuba war der Zankapfel, wobei Kennedy ohne große Anwendung von Gewalt der Stärkere blieb.

Verzweifeln könnte ich jetzt, im März 2003, weil ich einfach nicht begreife, warum der gerade so schrecklich tobende Irak-Krieg nicht vermieden werden konnte.

Ein großer Zufall war, dass ich auf der Heimfahrt wieder die »Flandres« besteigen konnte. Das gab bei der Besatzung eine freudige Begrüßung und noch dazu war ich jetzt der einzige Passagier.

Natürlich wurde ich gefragt, wie es mir im letzten halben Jahr so ergangen wäre. Da wurde mir klar, dass ich zusätzlich zu all dem Neuen und Schönen auch immer Glück im Alltag hatte. Ich habe keine Diebstähle erlebt und weder Ausweis noch Geld verloren. Einen größeren mitgebrachten Geldvorrat hat-te ich in meinem Zimmer im Haus meiner Freunde in Mexico-City deponiert, auch die Schiffspassage für die Heimfahrt. Das Geld für den täglichen Bedarf und meinen Pass mit dem Besuchervisum hatte ich in einem Brustbeutel, den ich immer getragen habe.

Da ich mitten im Winter zurückgefahren bin, kam außer mir niemand auf die Idee, eine Schiffspassage auf einem einfachen Frachter zu buchen. So wurde ich von der Besatzung besonders gut versorgt und durfte sogar manchmal auf die Kommandobrücke hinauf zum Steuern.

Die Heimfahrt dauerte mit 35 Tagen fast doppelt so lange wie die Hinfahrt, weil eine Atlantiküberquerung im Winter durch Nebel, Sturm und dadurch eventuell nötige Änderungen der Route, Zeitverschiebungen mit sich bringt.

Auch hatten wir in Tampico, an der mexikanischen Ostküste, und an der Küste von Texas mehrere Anlegehäfen, um Ladung zu löschen und neue aufzunehmen.

*Rückfahrt wieder mit der »Flandres«, Windjammer im Hinter-
grund, Januar 1961*

So war in Corpus Christi die »Flandres« ganz gelb übersät von
Bergen von Schwefel, die wir dort in unseren Schiffsbauch
geladen haben.

In Houston wurden drei oder vier neue amerikanische Panzer
aufgenommen, die wohl für die damalige Besatzungsmacht in
der amerikanischen Zone von Deutschland bestimmt waren.
Diese wurden an Deck ganz besonders gut vertäut, weil mit
heftigen Winterstürmen zu rechnen war, wie mir die Besatzung erklärte. Nun verließen wir unsere letzte Anlegestelle vor
der Atlantiküberquerung.

Mehrere Ereignisse sind mir von der Rückreise in deutlicher
Erinnerung.
Eines Morgens war die ganze Besatzung voll der Begeisterung,
weil sie alle das erste Mal einem »Windjammer«, das ist eines
dieser riesig großen Segel-Schulschiffe, begegneten. Sie
beglückwünschten mich, dass ich dieses einmalige Ereignis
miterleben konnte.

Unser Schiff wurde sofort rundherum mit vielen Fähnchen beflaggt, wir standen alle an Deck, ebenso die Kadetten auf der »Danmark«, die ganz nahe an die »Flandres« heranfuhr. Es wurde durch Megaphone hinüber und herüber gesprochen und ich habe dann natürlich so lange gewinkt, bis der Windjammer nur noch ein kleiner Punkt war.

Dann war ein anderes aufregendes Erlebnis ein Sturm auf hoher See, wie zumindest ich ihn mir nicht schlimmer hätte vorstellen können.

Auf der Hinfahrt nach Vera Cruz hatte ich schon Übungen für den Notfall erlebt, wusste wie man die Schwimmwesten anzieht und welches Notgepäck man zu den jeweiligen Rettungsbooten mitnehmen musste. Das war schon wegen dem Sirengeheul jedes Mal eine schlimme Sache für mich, weil es mich sofort wieder an die Jahre der Bombardierungen in München erinnerte.

In diesem Sturm stieg die »Flandres« fast senkrecht nach oben über die Wellen, höher als dreistöckige Häuser, um dann krachend über die andere Seite hinunter zu sausen.

Das ging die ganze Nacht so und in meiner unendlichen Angst dachte ich mir, da hilft nur noch beten. Tatsächlich hat mein unerschütterliches Gottvertrauen auch in dieser großen Not sehr geholfen.

Am nächsten Morgen meinte der Kapitän, es wäre nur ein mittlerer Sturm gewesen, aber er hat meiner Meinung nach untertrieben. Jedenfalls gab es in meiner Kabine und im Essraum kaum mehr ein Stück, das an seiner ursprünglichen Stelle stand. Ich war sehr froh, dass ich wiederum nicht seekrank geworden war und so der Besatzung nicht auch noch zur Last gefallen bin.

Am 5. März war ich völlig überrascht, als mein Frühstückstisch besonders schön gedeckt war und eine Flasche Wein dort stand. Es war mein 50. Geburtstag und ich hatte keine Ahnung, dass die Besatzung dieses Datum wusste.

Mitte März liefen wir am frühen Morgen im französischen Le Havre ein, der Endstation meiner langen Reise.

Als wir gerade angelegt hatten und noch bevor die übliche Hafenpolizei an Bord kam, stürmten ein paar junge »Revoluzzer-Franzosen« aufs Schiff, stürzten sich auf die vertäuten Panzer und rissen jeweils ein rundes Kästchen heraus, wohl die Elektronik der Fahrzeuge.

Man erzählte mir dann, dass es Pazifisten waren, die nicht zulassen wollten, dass Panzer über französisches Territorium verschifft werden.

Ob die jungen Männer nach dieser Blitzaktion erwischt und festgenommen wurden, weiß ich nicht.

Das Mittagessen hatte ich noch auf dem Schiff und wartete anschließend, bis der Kapitän vom Bahnhof zurückkam. Er hatte mir dort die Fahrkarte nach München besorgt, am Kiosk eine deutsche Illustrierte gekauft, die ich heute noch habe, und da auf einer Seite genau aufgeschrieben, wie ich beim Umsteigen in Paris zu dem anderen Bahnhof komme, wie lange ich Aufenthalt habe und so fort.

Als ich mich mit meinen zwei Koffern, Taschen und dem Vera Cruz-Korb auf den Weg zum Taxi machen wollte, stand die ganze Besatzung aufgereiht da und alle etwa vierzig Männer haben sich per Handschlag von mir verabschiedet. Ich war natürlich zu Tränen gerührt.

Von einem der Matrosen, einem netten jungen Wallonen aus Lüttich, habe ich noch längere Zeit in der Edelweißstraße Postkarten bekommen, aber getroffen habe ich ihn nicht mehr.


# Rückkehr nach München


Der Kapitän hat mich sogar bis zum Bahnhof begleitet, durch seine Angaben klappte es auch in Paris mit dem Umsteigen allerbestens und nach einer langen Nachtfahrt bin ich Ende März eines Samstags in der Früh in München angekommen.

In der Edelweißstraße traf ich gleich im Hauseingang Nachbarn, die ganz erstaunt fragten: »Ja, Fräulein Stein, wo kommen

sie denn her?«und ich antwortete ganz einfach:»Aus Mexiko!«
Da sich meine Ankunft in Le Havre durch den Wintersturm
verzögert hatte, konnte ich meiner Schwester brieflich nicht
Bescheid geben, wann ich ankommen würde. Telefon hatten
wir damals in der Edelweißstraße noch lange nicht.
Obwohl ich unsere Wohnung immer sehr gemocht habe, kam
sie mir bei der Rückkehr ganz fremd vor, so kühl mit den
hohen Räumen. Auch das Treppenhaus fand ich hoch und
steil.
Nachdem ich mein vieles Gepäck nur schnell zu Hause in der
Wohnung abgestellt hatte, bin ich gleich wieder los, um meine
Schwester an diesem Samstagmittag vor Dienstschluss bei
Oberpollinger zu überraschen. Das ist fast zu sehr gelungen,
ich hatte schon ein schlechtes Gewissen, ihr könnte etwas mit
ihrem schwachen Herz passieren, so erschreckt habe ich sie
mit meinem völlig unerwarteten Erscheinen.
Wir haben unser Wiedersehen in einem Gasthaus in der Nähe
gleich gebührend gefeiert.

Nach und nach bekamen alle Freunde und Verwandten ein
kleines Mitbringsel aus Mexiko und unser schon etwas geal-
terter Hund Mohrle mochte es auch, dass ich jetzt viel Zeit für
ihn hatte.
Die Hausarbeit nahm ich nun meiner Schwester ganz ab, weil
sie noch ein paar weitere Jahre berufstätig war.
In den Helferkreis in der Luther-Gemeinde bin ich zurückgekehrt, um die vielen alten Kontakte wieder zu beleben und
mich an der Gemeinschaft zu erfreuen.
In jener Zeit ohne Berufstätigkeit ging ich auch verstärkt meinem großen Hobby nach, der Familienforschung mütterlicher-
seits.
Ich war nicht nur unzählige Male in der Pfalz oder im Elsass,
teils zusammen mit meiner Schwester, sondern hatte auch
eine umfangreiche Korrespondenz mit dortigen Pfarrämtern
und Archiven, wie etwa in Speyer.
So haben sich bei mir im Laufe der Jahrzehnte unendlich viele
interessante Briefe und sonstige Unterlagen angesammelt, die

ich fast wie einen Schatz hüte. Auch beim Verfassen dieses Buches habe ich öfters mal in meinem Fundus gekramt und einige dafür hilfreiche Dinge gefunden.

Hier möchte ich einfügen was mir vor Jahren mein Vater eingetrichtert hat, nämlich dass ich niemals vergessen sollte in Zeiten ohne Arbeit meine Beiträge zur Rentenversicherung zu kleben, wie man sagte. Dieses Nachweisbüchlein habe ich heute noch.
Kein einziges Mal in meinem ganzen Berufsleben habe ich Arbeitslosengeld bezogen.

Durch die Vermittlung von Betty, sie hatte damals schon seit fast 40 Jahren bei Oberpollinger gearbeitet, wurde ich dort im November 1963 in der Rundfunk-, Fernseh- und Schallplattenabteilung angestellt.
Später setzte man mich auch als Sachbearbeiterin ein, weil ich als Einzige besondere Musikkenntnisse hatte. Natürlich konnte ich mein Wissen in dieser Kaufhaus-Musikabteilung längst nicht so gut anwenden, wie bei meinen früheren Stellen in den Fach-Musikalienhandlungen, aber einigermaßen zufrieden war ich mit meiner Arbeit schon.

1964 hat es bei Oberpollinger, zur 40-jährigen Betriebszugehörigkeit von Betty, eine schöne Jubiläumsfeier gegeben und bereits ein Jahr später ging sie mit 61 in Pension. Nun musste sie sich mit unserer gemeinsamen Urlaubsplanung immer nach mir richten. Nach einigen Jahren meinte sie, es wäre doch schön, wenn auch ich im Ruhestand wäre, damit wir gemeinsam nach Lust und Laune Pläne schmieden könnten.
Sie hatte durch ihre lange Arbeitszeit bei Oberpollinger ein recht gutes Auskommen, zusätzlich noch mit einer kleinen Betriebsrente. Wir wollten dieses Geld dann mit meiner sehr geringen Rente zusammenlegen, um uns einen schönen Ruhestand zu machen.
Im März 1971, ich war gerade 60 geworden, habe ich gekündigt und im letzten Zeugnis meines Lebens wurde vom Chef

bei Oberpollinger betont, dass ich das Haus auf eigenen Wunsch verlassen würde.

## Die Einsamkeit nach dem Tod von Betty

Ende August 1971 waren Betty und ich bei der Hochzeit von Bekannten in der Nähe von Walchsee in Tirol, wo wir gleichzeitig einen 14-tägigen Urlaub gemacht haben.
Auf dem Hochzeitsfest hat Betty getanzt und war sehr fröhlich, wie es ganz zu ihrer Art passte.
Ein paar Tage später, es war ein sehr heißer Hochsommertag, kamen wir bei einer Wanderung an ein paar Bauernhöfen vorbei und danach blieb Betty plötzlich ein Stück zurück. Als ich nach ihr schaute, stand sie mit weit aufgerissenen Augen da, hat sich noch selbst, ohne ein Wort zu sagen, am Wiesenrand hingelegt und war schon tot, bevor ich bei einem der Bauernhöfe Hilfe holen konnte.
Ich war in den nächsten Stunden wie betäubt und reagierte ganz nüchtern bei allen Fragen, die ich beantworten musste, weil ich zuerst überhaupt keinen Schmerz spürte.
Später kam dann viel mühsame Arbeit mit Formalitäten auf mich zu, weil Betty in Österreich gestorben war und nun nach München überführt werden musste.
In der Kufsteiner Zeitung stand am nächsten Tag eine Falschmeldung:»Münchner Urlauberin tot im Wald aufgefunden«.
Fünf Tage später war die Beerdigung im Ostfriedhof in unserem Familiengrab. Um diese Zeit war mein Vetter Konrad zufällig aus Venezuela zu Besuch in Deutschland, und da war er der große Retter in meiner schlimmen Situation. Ohne seine Hilfe wäre ich wirklich ganz verloren gewesen.

Nun war ich also alleine übrig geblieben in unserer Wohnung in der Edelweißstraße 7.
57 Jahre zuvor waren wir mit unseren Eltern in diesen damals besonders schönen Neubau eingezogen. Noch heute überfal-

*Otmar Liegl aus Berlin, mit Maria in Giesing, Juli 1981*

len mich die Erinnerungen, sodass ich dann meine, ich müsste wegen irgendetwas schnell mal Betty fragen.

Nur sechs Jahre konnte sie ihren Ruhestand genießen und für mich war es schon eine große Umstellung, nun alles selber entscheiden zu müssen. Die Wohnung ist mir aber, trotz des Fehlens von Betty, sehr vertraut geblieben, sodass ich sagen kann, ich führe auch alleine ein zufriedenes und ausgefülltes Leben.

Nun bin ich noch die Einzige von den ersten Mietern. Ursprünglich, also 1914, waren wir 22 Parteien im Haus. Nach dem Zweiten Weltkrieg kamen sechs Wohnungen dazu, weil der Raum mit den Speicherabteilen und der Wäschespeicher ausgebaut wurden.

Später wurde ein fünfter Stock sozusagen draufgesetzt, was den Proportionen der Häuserzeile sehr geschadet hat. Wenn man die Häuser am Alpenplatz anschaut, die noch genauso geblieben sind, wie unsere einmal waren, mit diesen schönen Giebeln und Speicherluken, dann merkt man schon sehr den Unterschied.

In den letzten Jahrzehnten hatten wir einen großen Mieterwechsel und dadurch gibt es selten jemanden, der das Gespräch sucht oder im Treppenhaus auch nur grüßt. In meiner Jugend war es selbstverständlich, dass sich jeder, der neu eingezogen ist, überall im Haus vorgestellte. So hatten wir über die Jahre immer eine gute Hausgemeinschaft und das hat sich dann besonders bewährt, als wir gemeinsam die Schrecken der Fliegerangriffe im Zweiten Weltkrieg durchstehen mussten.

Manche der neuen Mieter lässt es aufhorchen, wenn ich von mir aus grüße und eine Bemerkung dazu mache, warum ich inzwischen recht mühsam die drei Stockwerke »hinauf schnaufe«. Wenn ich dann ein bisschen von früher erzähle, sind sie ganz erstaunt, dass ich schon im Zweiten Weltkrieg hier gelebt habe, und dass es durch Brandbomben einen Feuersturm in der Edelweißstraße gegeben hat.

»Ja, wissen sie, ich habe hier schon den ganzen Ersten Weltkrieg erlebt«, erkläre ich den jungen Leuten dann und löse damit erst recht ein ungläubiges Staunen aus. Da macht es mir richtig Vergnügen, wenn ich ihnen beschreiben kann, wie ich bereits 1915 als Kind die Treppen hinaufgerannt bin wie ein Wiesel!

Ab 1986 wurden unsere Wohnungen zum Verkauf angeboten, also in Eigentumswohnungen umgewandelt.

Die Häuser in der Edelweißstraße 3–9 hatten in ihrer nun fast 90-jährigen Geschichte verschiedene Eigentümer. So kaufte sie die Sachranger Wohnbau-AG nach dem Zweiten Weltkrieg und behielt sie über 40 Jahre lang. Doch erst bei der Umwandlung in Eigentumswohnungen gab es für uns Mieter viele Unannehmlichkeiten und starke Beunruhigung.

Die meisten Käufer waren Leute, die nur ihr Geld anlegen und nicht in die Wohnungen selbst einziehen wollten. Sie versuchten, die höchst mögliche Miete herauszuholen, ohne in diesen schon recht alten Häusern Renovierungen vorzunehmen.

Immobilienmakler rannten uns manchmal fast die Tür ein um uns zu überreden, die Wohnungen selbst zu kaufen. Sie mach-

*Edelweißstraße Herbst 2002*

ten uns sogar Angst damit, dass diese sonst anderweitig verkauft würden und wir dann ausziehen müssten.

Als wir 1989 das erste Buch über die Edelweißstraße veröffentlicht haben, war ich 78 Jahre und wusste, dass ich erst mit 80 kaum mehr kündbar wäre. Da ich mit meiner geringen Rente keine Rücklagen hatte, war gar nicht daran zu denken, die Wohnung selbst zu kaufen.

Das alles war nun jahrelang eine schlimme Ungewissheit für mich, denn hätte ich ausziehen müssen, dann wäre für mich eine Welt zusammengebrochen.

*Maria als Achtzigjährige 1991*

Auch bei mir gab es mehrere Eigentümerwechsel und jeder neue wollte natürlich alle Möglichkeiten der Mieterhöhung ausnützen.

Seit über 30 Jahren bin ich Mitglied im Münchner Mieterverein, sodass ich mir dort immer Hilfe holen konnte, wenn es zu Schwierigkeiten mit dem Vermieter kam. Aber jeden Ärger können die natürlich nicht verhindern. Der derzeitige Eigentümer meiner Wohnung hat schon mit mehreren Rechtsanwälten versucht, meist ungerechtfertigte Mieterhöhungen durchzusetzen. Er bekam nie Recht, auch weil er falsche Angaben gemacht hat, was das nicht vorhandene Bad und die Küchenausstattung betrifft.

Wenn diese Entscheidungen auch schließlich zu meinen Gunsten ausgefallen sind, kann sicher jeder Leser verstehen, wie sehr ich mich immer wieder bedroht gefühlt habe.

Ich hoffe, dass der Anwalt, von dem ich 2002 mehrere sehr beunruhigende Schreiben bekam, nun seinen Klienten auf Dauer umgestimmt hat, damit ich die restlichen Jahre meines Lebens in der von mir so geliebten Wohnung in Ruhe verbringen kann.

Ganz gut erinnere ich mich an eine Mieterin im 2. Stock, die zwar schon über achtzig war, aber Ende der 1980er Jahre aus lauter Angst vor einer Kündigung ungerechtfertigte Mieterhöhungen unterschrieben hat. Man hatte ihr mit einem Rechtsanwalt gedroht, wenn sie nicht unterschreiben würde, und dass sie dann auch noch die Anwaltskosten tragen müsste.

Als es mit der Umwandlung in Eigentumswohnungen anfing, hing unten im Treppenhaus ein Hinweis mit Pfeil nach oben »Musterwohnung«. Das war natürlich eine sanierte Wohnung, die ein Bad und eine richtige Küche hatte.

Ab den 1960er Jahren haben die meisten Bewohner angefangen, ihre Wohnungen von Grund auf zu renovieren. Aber das war eben nicht bei allen der Fall und so auch nicht bei mir.

Trotzdem wurde in meine Wohnungspläne statt der Abstellkammer ein Bad eingezeichnet. Nach diesen Plänen hat 1988 der erste Käufer meine Wohnung erworben, ohne sie vorher besichtigt zu haben.

Ob er sie später deshalb weiterverkauft hat, weil er den Fehler im Wohnungsplan bemerkt hat, weiß ich nicht. Erstaunlich ist nur, dass mir 2002 weiterhin dieser falsche Plan als Anlage des Anwaltschreibens beigelegt wurde.

*Am Ostfriedhof, Frühjahr 1994*

# Der Brandfleck in meiner Diele

In meiner Wohnung ist eine bestimmte Erinnerung an die Zeit der Fliegerangriffe im Zweiten Weltkrieg ständig präsent.
Unter dem Läufer im Gang ist an einer Stelle ein großer Brandfleck im Holzboden. Als ich nach dem schrecklichen Bombenangriff im Frühjahr 1944 in die Wohnung hinaufrannte, hatte irgendjemand bereits eine Matratze auf diese Stelle gelegt um das Feuer zu ersticken. Es schwelte aber weiter und so griff ich mir eine Bierflasche aus der Speisekammer und löschte mit dem Inhalt das Bodenholz.

Als ich vor einigen Tagen auf ein kürzlich erschienenes dickes Buch gestoßen bin, hat mich beim Lesen wieder ein Zittern am ganzen Körper überfallen, wie schon so oft, wenn das Thema auf die Zeit der Bombardierungen kommt.

Es handelt sich um das Werk des Militärhistorikers Jörg Friedrich »Der Brand«, mit dem Untertitel »Deutschland im Bombenkrieg 1940–1945«.

Auf Seite 331 heißt es: »Vor Alarm schon standen 800 Personen vor dem Salvator-Lagerkeller. Bei Öffnung kam eine Frau zu Fall, über die Nachdrängende stolperten, die Menge raste auch über diese hinweg, dabei starben acht Personen.«

Im Kapitel meines hier vorliegenden Buches »Im Feuersturm versinkt ein Stück meiner Kindheit« habe ich beschrieben, dass ich Zeugin dieser Tragödie war.

Und Seite 332: »Im Juli 1944 wirft sich die US-Luftwaffe mit einer Million Brandbomben in sieben Angriffen auf München. Die ersten vier davon töten 1.471 Personen. Privatbeerdigungen können nicht mehr erfolgen, weil die Särge ausgehen. Die Leichen, oder Teile davon, werden mit Kennzeichen versehen in Massengräbern im Nordfriedhof und am Perlacher Forst verscharrt. Die Amerikaner bedienen sich bei den Juli-Angriffen ausgiebig des Zeitzünders. Die Bomben fahren in die Häuser, bleiben in den Zwischendecken und gehen noch tagelang im Hellen und Dunkeln mit Getöse hoch, werfen Mauern um, töten Bewohner im Schlaf.«

Doch erheiternde Ereignisse hat es bei uns im Haus schon auch gegeben.
So wurde mal ein Mauersegler, der sich ausgerechnet unter einem Spatzennest in einer Nische der Dachkante so verfangen hatte, dass er nicht mehr herauskam, tatsächlich von der Feuerwehr gerettet.
Ein paar Jahre später – etwa Anfang 1970 – wurde spät abends wieder die Feuerwehr gerufen, weil es im Hof so brenzlig roch. Den Männern kam eine Wohnung im Parterre verdächtig vor und als sie durchs Fenster in ein Zimmer schauten, in dem ein Fernseher lief, sahen sie ein Bett mit einem Haarschopf, der unter der Decke hervorlugte. Trotz heftigem Klopfen hat sich da aber nichts gerührt.

Dann öffneten die Feuerwehrmänner die Wohnung mit
dem Hausmeisterschlüssel
und fanden einen Buben im
Bett, der allein zu Hause war
und dem das laute Klopfen
solche Angst gemacht hatte,
dass er sich immer tiefer
unter die Bettdecke verkroch.
Brandgeruch kam aber aus
dieser Wohnung überhaupt
keiner.
Als die Feuerwehrmänner
gerade abziehen wollten,
erzählte ihnen eine Mieterin
von gegenüber, die spät heim-

*Maria an ihrem Küchentisch,
Januar 2003*

gekommen war, dass sie ihren Schweinebraten versehentlich
im Ofen völlig verbrennen lassen hätte!
Auch einen vermeintlichen Einbrecher hatten wir, als der
Hund der Mieter im 5. Stock heftig bellte und tatsächlich Tritte
auf dem Dach zu hören waren. Die Familie sah dann noch
dazu von oben her zwei Hände an einem ihrer Fenster ent-
langgreifen und hat deshalb die Polizei gerufen. Sie kam
schnell genug um einen recht leicht bekleideten Mann zu entdecken, der gerade eine hohe Leiter im Hof heruntergestiegen
war, die dort für eine Fassadenreparatur stand. Als die Polizis-
ten ihn fragten, was er denn da täte, meinte er, das wüsste er
selbst nicht.
Wir haben nie erfahren, ob er verwirrt war oder ob er vielleicht Fensterln gehen wollte.

Neulich wurde ich von einer Freundin gefragt, ob ich bei der
Reise nach Mexiko in Antwerpen zum ersten Mal das Meer
gesehen hätte. Das war aber nicht so, denn 1956 im Herbst
habe ich in Genua schon einmal am Meer gestanden und
dabei sind mir vor Freude fast die Tränen gekommen. Das war
schon ein ganz besonderer Augenblick für mich.

Lupita und ich haben mit der Bahn eine große Rundreise zu Verwandten und Freunden von uns beiden gemacht. So kamen wir von Lindau über Zürich, Lugano, Mailand nach Genua. Dort war dann nicht nur das Meer faszinierend, sondern es gab noch dazu einen wunderschönen Sonnenuntergang mit all dem Glitzern und den besonderen Farben des Wassers, die dabei entstehen.

Die Rückreise führte uns über Padua nach Venedig, wo sich dann unsere Wege trennten. Lupita fuhr noch für einige Zeit nach Griechenland, während ich allein nach München zurückgekehrt bin.

Durch die Arbeit an diesem Buch – seit Oktober 2002 – komme ich beim Einschlafen oft ins Sinnieren und stoße manchmal auf Dinge, über die ich mich bisher vielleicht noch nie mit jemandem ausgetauscht habe.

So berührt mich weiterhin sehr stark die Geschichte mit der Aussteuer-Wäsche, mit schönem Monogramm versehen, von Alice, der jüngeren Schwester von Frau Berta Jacob.

Alice, die damals schon Witwe war, wurde mit ihrem 9-jährigen Sohn 1941 aus Ulm nach Litauen deportiert. Ob beide dort sofort von der SS ermordet wurden oder ob Alice noch in einem Steinbruch arbeiten musste, ist nicht mit Sicherheit bekannt.

Alice fragte damals bei mir an, ob ich ein Paket mit Teilen ihrer Aussteuer zu mir nehmen könnte, bis sie von der »Umsiedlung« wieder zurückkehren würde.

Im Frühjahr 1941 fuhren mein Vater und ich eines Sonntags mit dem Zug nach Ulm. Dort waren in einer großen Villa mehrere jüdische Familien untergebracht, die gemeinsam auf den Abtransport warten mussten. Diese Menschen verhielten sich sehr diszipliniert und unterhielten sich so, als ob sie nur verübergehend verreisen würden. Manche Männer taten ganz normal bei Gesprächen über geschäftliche Dinge. Alle Hausbewohner trugen den Judenstern.

Am Nachmittag machten mein Vater und ich mit Alice und ihrem besonders reizenden Buben einen langen Spaziergang an der Donau entlang. Dabei hielt Alice ihre Handtasche etwas nach oben zur Schulter hin, um den Judenstern zu verdecken. Ihren Sohn ließ sie etwas voraus laufen, als ob er nicht zu uns gehören würde, weil bei ihm der Judenstern gut sichtbar war. Als Papa und ich gegen Abend mit dem Paket von Alice nach München zurückfuhren, meinten alle beim Verabschieden, dass der Spuk vorübergehen und sie bald zurückkehren würden. Man hat eben einfach versucht, sich gegenseitig Mut zu machen.

Am Wochenende danach brachte ich das Paket nach Lindau zu meiner Tante. Ich musste sie im Glauben lassen, dass der Inhalt mein Eigentum wäre, weil jede Unterstützung jüdischer Mitbürger sie in Gefahr hätte bringen können.

Gleich nach Kriegsende 1945 hatte eine große jüdische Hilfsorganisation ihre Arbeit in München aufgenommen. Ich wandte mich an diese Stelle und erfuhr, was wir alle schon befürchtet hatten, dass Alice und ihr Sohn nicht mehr lebten.
Um das Wäschepaket einem überlebenden Mitglied der Familie zukommen zu lassen, hatte ich die Idee, an Robert Jacob, den Bruder von meinem ehemaligen Chef Julius Jacob, zu schreiben.
Dieser Zweig der Jacob-Familie – die beiden Ehemänner waren Brüder und ihre Frauen Berta und Hannah Schwestern – war schon 1937 in die USA emigriert und ihre Adresse von damals hatte ich über die Kriegsjahre aufbewahrt. Briefkontakt war jedoch während des Krieges und auch noch eine Weile danach auf normalem Postweg nicht möglich.
Im Winter 1945/46 war eine meiner ehemaligen Kolleginnen von Lindberg mit einem amerikanischen Sergeanten liiert. In deren Wohnung war ich eines Tages zum Kaffee eingeladen und bat dort den jungen Soldaten, über die Militärpost einen Brief von mir an Robert Jacob schicken zu lassen.

Im Sommer 1946 bekam ich in der Edelweißstraße einen Antwortbrief der Familie Robert und Hannah Jacob. Sie baten mich, das Paket nach Neckarsulm zu schicken, weil gerade ein Bekannter von ihnen geschäftlich in Europa wäre und auch in Neckarsulm zu tun hätte.

Ich schickte es also dort hin, doch nun kommt das fast unglaubliche Ende dieser Geschichte.

Auf Wunsch von Robert Jacob hatte ich das Paket als »Wertpaket« geschickt, also versichert, es kam auch gut an bei dem Herrn in Neckarsulm. Er legte es auf den Rücksitz seines Wagens und parkte das Auto dann irgendwo in der Stadt. Als er zurückkam, war sein Wagen aufgebrochen und das Paket war weg.

So gingen auch diese Erinnerungsstücke an die tote Alice und ihren Buben verloren!

Ich weiß noch so gut, wie beim Abschicken des Pakets nach Neckarsulm meine Mutter meinte, es würde uns so sehr an Wäsche mangeln, vor allem an Handtüchern, aber es kam natürlich nicht in Frage, dass wir etwas von den Aussteuerstücken herausgenommen hätten.

*Maria mit 92 Jahren im Jahr 2003*

# Meine Wohnung ist doch meine Heimat!

Gleich nach Beginn meines Ruhestandes im April 1971, ein paar Monate vor dem Tod meiner Schwester, bekam ich für die nächsten 25 Jahre eine sehr erfüllende Aufgabe.

Ein Freund aus dem Helferkreis der Luther-Gemeinde, Erwin Klinge, fragte bei mir an, ob ich Lust hätte, bei einer mit ihm befreundeten Familie ab und zu Haus und Kinder zu hüten.

Da ich in seiner eigenen Familie vier Jahre lang eine ähnliche Aufgabe gut bewältigt hatte, sagte ich zu. Bereits im Sommer 1971 war ich für drei Wochen in Lochham bei München.

Dort versorgte ich drei von fünf Kindern, zwei waren schon selbständig, das Haus und den großen Garten mit Hund, Topfpflanzen, Telefon, Post und was sonst noch so anfiel.

So ging das dann die vielen folgenden Jahre zwei Mal im Jahr weiter. Seit ich nicht mehr besonders beweglich bin, weil die Knie oft nicht so wollen wie ich will, sind wir trotzdem einmal in der Woche wenigstens telefonisch in Verbindung.

Eine Konfirmandin in der Luther-Kirche, deren Gruppe ich Mitte der 1950er Jahre im Helferkreis betreute und mit der ich mich damals schon wie mit einer Tochter befreundete, ist heute der Mittelpunkt ihrer fünfköpfigen Familie in Steinebach am Wörthsee. Dort habe ich bis heute so etwas wie mein zweites Zuhause und die inzwischen erwachsenen Kinder sehen in mir eine Art Ersatzgroßmutter.

Ich freue mich jetzt schon auf den Ostersonntag, weil der dort bei meiner Freundin und ihrer Familie immer besonders schön gefeiert wird.

Von einem kleinen Unfall im Jahr 2000 habe ich zuerst keinem Menschen etwas verraten.

Ich bin nachts in meinem Schlafzimmer über den Teppichrand gestolpert und so unglücklich gegen die Kante der Kommode gestürzt, dass ich an der Stirn eine große Platzwunde hatte. Die blutete natürlich heftig, ich überlegte kurz, was da am besten zu tun wäre, lief in die Küche, um ein Frotteehandtuch am Ausguß ordentlich nass zu machen und wickelte es mir um den Kopf. Halb im Bett sitzend, habe ich so den Rest der Nacht verbracht. Am nächsten Morgen ging ich zu meiner Hausärztin in der Aignerstraße und wurde von ihr gleich zu einem ambulanten Chirurgen in der Bonifatiusstraße geschickt. Die Wunde sollte möglichst schnell genäht werden, damit sie trotz des langen zeitlichen Abstands noch ordentlich zusammen wächst.

Als der Chirurg meine Geschichte hörte, meinte er nur: »Sie sind vielleicht hart im Nehmen!«

Schließlich war ich damals schon fast 90 Jahre. Aber er hat die Naht so geschickt angelegt, dass man die Narbe eigentlich gar nicht mehr sieht.

Ich war vor allem froh, dem Krankenhaus entgangen zu sein, in das ein nächtlicher Notarzt mich bestimmt gesteckt hätte.

Zum Schluss dieses zweiten Buches möchte ich wiederum sagen, dass ich froh bin schon so alt zu sein, denn trotz allem Schönen in meinem Leben, ist es irgendwie leer im Haus, ohne Herz und Gefühl für Zusammengehörigkeit.

Dennoch ist meine Wohnung meine Heimat und wenn aus meiner Umgebung einer gehen muss, dann geht auch jedes Mal ein Teil von mir mit.

Trotz aller schwierigen Zeiten habe ich mich in meinem Glauben immer geborgen gefühlt und ich wünsche mir, dass es bis zu meinem Lebensende so bleiben möge.

Und diesem zweiten Buch, an das ich mich vergangenen Herbst gar nicht so recht herangetraut habe, wünsche ich, dass es ebenso viele interessierte Leser erreicht, wie das erste im Jahr 1989.